龙头哲学

顿悟 渐修

Gradual Cultivation and Sudden Enlightenment

彭道富 / 著

中国出版集团有限公司
China Publishing Group Co., Ltd.
研究出版社

图书在版编目（CIP）数据

顿悟渐修 . 龙头哲学 / 彭道富著 . -- 北京：研究出版社 , 2025. 1. -- ISBN 978-7-5199-1726-5

Ⅰ . F830.91

中国国家版本馆 CIP 数据核字第 2024T3T248 号

出 品 人：陈建军
出版统筹：丁　波
责任编辑：韩　笑

顿悟渐修·龙头哲学

DUNWU JIANXIU · LONGTOU ZHEXUE

彭道富　著

研究出版社 出版发行

（100006　北京市东城区灯市口大街 100 号华腾商务楼）
北京隆昌伟业印刷有限公司印刷　新华书店经销
2025 年 1 月第 1 版　2025 年 1 月第 1 次印刷
开本：880 毫米 ×1230 毫米　1/32　印张：10.5
字数：240 千字
ISBN 978-7-5199-1726-5　定价：78.00 元
电话（010）64217619　64217652（发行部）

版权所有·侵权必究
凡购买本社图书，如有印制质量问题，我社负责调换。

假如你不能成为别人生命中的礼物,就不要走进别人的生活;
假如有人进入我的生活,我有能力认出这份礼物。

希望本书能成为你悟道路上遇到的最特别的礼物!

序: 大道至简

数字哥

每当有朋友问我怎么做交易、怎么做龙头,我都会告诉他们——用婴儿般的眼光去看! 涉及具体的一些细节上的问题,无法用三言两语说清楚的时候,我会向他们推荐本书作者的相关书籍或公众号 (股市的邏輯) 文章,说:"彭道富的文章可以好好看看,里面有不少案例分析,有助于加强对于龙头的理解"。

并不是溢美之词,而是因为彭总一直潜心钻研关于市场某个阶段的龙头以及龙头战法的种种演变情形,并通过自身或者朋友的实战案例分享,不断淬炼提升,及时进行总结、思考、沉淀,然后转化为通俗易懂的文字分享给大家。这对于经验比较欠缺、理解不够深刻的朋友而言,无疑是一本很好的入门、提升教材。

没有什么比来自实战检验第一线、第一时间的分析总结报道,更能让人身临其境的。能不能触类旁通、活学活用，学来的道理能不能有醍醐灌顶的效果，取决于每个人的天赋和努力。

很多东西，不亲身参与，或者不通过深入的采访和交流、不深入思考揣摩是无法还原，也是无法从本质上抓到问题的关键所在的。比如：为什么这只股票是龙头？你是什么时候发现它是龙头的？

近年来，龙头战法得到大范围、水平参差不齐、多维度的宣传之后，逐渐"烂大街"化。在注册制开始全面实行、量化开始越来越活跃、监管或监控日趋严格的当下，龙头会以什么样的方式呈现在大家的面前？龙头战法是否需要迭代升级或进一步优化呢？

答案是毋庸置疑的。

所以我认为，本书作者持之以恒不间断地思考与总结，是与时俱进、贴近最真实的市场博弈和变化的。理论不仅仅来自纸面，而且来自实战经验总结，并且有很多思维火花上的闪光点，让我读罢有一种原来如此，"于我心有戚戚焉"的感觉。

传统的龙头战法以情绪或筹码博弈为主要载体，可以没有任何基本面的逻辑支撑，散户说你有就有，没有也是有，就是当时最广为流传的一种调侃。

而现在的龙头，必然伴随着基本面逻辑的支撑——其潜在蕴含的内在价值尚未被大众认可或发掘，而这个对于基本面逻辑或者价值的认知差，将会成为一段时期内对龙头最好的佐证与支撑。即我之所以能成为龙头，不再仅仅是单纯依托情绪或筹码博弈；我之所以为龙头，是因为我真的有价值，只是你还没有认可我的价值，或没有发现我的价值而已！

序: 大道至简

这就是新时期龙头在表现形式上与传统纯情绪化与筹码博弈的龙头战法分庭抗礼的分界线所在，即作者文中所述"龙头有两种，价值型与情绪型""龙头的新变化，离投机很远，离价值很近"。

这些观点，在某种程度上又与赵老哥所说的"不少纯打板战法，过分看重分时板的质量，打的是分时板，而不是日线板"有异曲同工之妙——流水不争先，争的是滔滔不绝！

比如新能源时期的龙头代表小康股份；比如疫情时期的龙头代表九安医疗、中远海控、英科医疗等；比如2023年上半年的大主流人工智能炒作过程中出现的龙头代表剑桥科技、中际旭创、工业富联、联特科技、中国科传、鸿博股份等；它们的日线结构上经常出现震荡以及大跌的阴线，短时间内的表现确实会让人觉得这不是龙头，但是不可否认的一点就是它们韧性十足，后劲十足。

这就是新时期新阶段的龙头具有的独特气质——不再以日内分时的强弱为判断强弱的依据，而是以日线结构上的强弱为判断强弱的依据。这就脱离了分时上的桎梏，跃升到了另一个阶层。

而能够维系这种走势的龙头，其自身的基本面逻辑必定过硬，才经得起市场分歧检验。于是又回到了彭总所说的"龙头，本质上是一段势的载体与表达""高手谋势不谋子，俗手谋子不谋势""龙头就在众目睽睽之下；龙头就在大摇大摆之中；龙头就在街谈巷议之间；龙头就在口口相传之畔"。你只需要用婴儿般的眼光看就可以了。

见山是山，见山不是山，见山还是山！大道至简，殊途同归！

成百上千的支流如果找不到汇入江河主流的口子，那么它们将永远无法奔流入海；想要到达千里之外的目的地，不找到正确的主干道，走小路或者岔路，哪怕你日夜兼程，很有可能事倍功半甚至事与愿违；不找准方向，迷失方向后可能绕来绕去还在原地打转，甚至南辕北辙。

这就是为什么要坚持在主流里面寻找机会的原因之一；而日后能被人提及的龙头，必然来自主流板块，主流才是孕育超级大龙头的温床。

所以从龙头入手研究市场，就是从市场主流入手研究市场，可以尽快解决非主流操作恶习的问题；用龙头战法去参与市场博弈，就是在培养自己的交易模式和审美，可以尽快解决模式外和情绪化操作的致命问题。

众所周知，非主流、模式外、情绪化操作是普通投资者亏损的三大主要源泉。不断研究学习龙头背后的主流板块，不断提升自己交易标的的审美条件，不断优化完善自己的交易模式，假以时日能大大缩短走弯路、盲人摸象的时间。正如作者说的："强制自己与龙头发生关系。你的自选股里，应该只放龙头""未定龙时，人找龙；定龙之后，龙找人"。

龙头来自主流，主流孕育出龙头。当下一个大主流、大龙头出现的时候，你是否准备好，也具备了"龙找你"的基础呢？

此次适逢彭总邀请本人作序，有心于龙头战法的朋友，不妨试试沉下心好好研读一下书中的精彩篇章。相信书中的理念以及方法论，会带给你不一样的启示和收获！

2023 年 7 月 11 日于深圳

自序: 礼物

一

《天道》里，芮小丹说过这样一句话：

> 只要不是我觉到悟到的，你给不了我，给了我也拿不住。只有我自己觉到悟到的，我才有可能做到，能做到的才是我的。

这句话从结果和终极意义层面上来讲是对的，但如果我们再追问一句："如何才能做到'让我自己觉到悟到'？"大家就会突然发现，很多人对芮小丹这句话的理解肤浅了，包括电视剧的编剧，也包括经常引用这句话的人，断章取义，把深刻的哲理心灵鸡汤化了。

如果只追求"我"的觉到悟到，那么，唐僧还去西天取经干吗？

还要聆听佛陀的真经和教诲干吗?自己觉,自己悟不就行了?

那么,科学家还去学习牛顿、爱因斯坦干吗?还去接受微积分和相对论干吗?直接去觉去悟不就行了?

所以,我说芮小丹的话是从终极意义上来说的。什么是终极意义?就是说"最终"是对的。你要让一个东西彻底变成自己的,最终你自己要彻底领会和理解它,而不是一直靠别人。

但"最终"之前,需要站在别人的肩膀上,需要先吸收别人已经觉到悟到的成果,需要有个"过程",需要"外缘"来启发和触动。

就是芮小丹本人,其最终之所以有那么高的境界,不也是与遇到丁元英有极大的关系吗?

如果把觉到悟到当成悟道或者顿悟的话,它必须有一个相当长的渐修之旅。

在这一过程中,需要各种各样的外在因缘:

或是一场交流对话,

或是一段视频,

或是一场报告会,

或是一本书、一篇文章、一段话,甚至是三言两语,

或是一种思想、一套理论、一个学说,乃至一种方法,

再或是遇到某个人,

……

这些外缘

或者刺激,或者启发,或者触动,总之是叩开了你的思考和感悟的大门,才有最后的觉到悟到。

所以，千万不要把芮小丹的话当成简单的"靠自己""向内求""自力更生"，更不能当成"闭门造车"。觉到悟到并非一个人关起门来突然某一天的心血来潮，也并非某个清晨或者某个黄昏突然降临的东西，而是受到过无数个"垫脚石"的启发，站在无数个别人成果肩膀上的结果。

这些当中，书和各种文章、帖子无疑是最常见的载体，也是最方便、成本最低、最唾手可得的"外缘"。试问自己，你在人脉圈和朋友圈能见到多少"世外高人"？能听到多少高维的报告会？能跟多少个真正厉害的人对话和高质量交流？

所以，幸好有书这个载体可以作为"外缘"。

二

经常有人问：

"读书有用吗？"

"读书对炒股有帮助吗？"

那要看你怎么理解"用"，怎么去"用"。

如果把一劳永逸地解决炒股问题当成"有用"，那么读书没有"用"。这个世界上没有任何一本书能起到这样的"用"。不但书，其他几乎所有的东西，也都没有这样的"用"，包括任何一种学习研讨会议、交流会、报告会、电话会议、视频会议、抖音直播等，也包括去跟顶级大佬请教，甚至是现场学习。否则，股神的孩子不也成股神了？

但如果把启发思考、点燃自我当成"用"，那么读书肯定有用，而且大有用处。

因为书是最大的"外缘"，它能启发我们继续思考，最终让我们达到觉到悟到。

这就涉及对书的态度了。

有些人看书，希望书能提供"圣杯"和立竿见影的"标准答案""终极结论"，希望书能直接让他"悟到"，希望书能够直接告诉他下一步应该马上怎么做。这怎么可能？

如果是其他领域的书，也许可以，比如烹饪、剪裁，但股票书不行。因为投资几乎是这个世界上最复杂、最具有博弈性、最变化无常的领域，这个领域的任何经验和规律总结，无论是以书的形式，还是以语录、文章、报告会、学习班、清华北大投资课、各种战法、视频讲座、音频、课程等的形式，都没有办法直接做到"给你"（芮小丹语），直接让你觉到悟到，都只能是以"外缘"的形式去启发你。都需要你继续"加工"，继续修、继续悟。换句话说，投资领域的任何经验和规律，都是"半成品"，都需要经过你多次思考和反复渐修，才能成为"成品"。否则，就如芮小丹所说，"给了也拿不住"。

这也体现了股票这个领域的复杂性和残酷性。没有任何一本书、任何一个已经"悟到"的大佬，能让你直接成为专家和高手。

那这么说，读书和学习就没用了？

当然不是！

还是回到"用"这个话题。如果我们把启发思考当用、把开启一个全新维度当用、把外缘当用，那么读书不但有用，而且大有其用，甚至，没有任何领域比股票这个领域更需要读书和学习。如果我们不读书，我们就永远在自己的维度和经验里打转。

不是有这样一句话吗：

自序：礼物

> 你不是有 5 年的工作经验，而是一个经验用了 5 年。

这句话说得太一针见血了。很多人炒股很多年，自以为经验很丰富，殊不知他只是一个经验耗了很多年。

其实，每个人都有一个"死角"，自己走不出来，别人也闯不进去。这个时候，只有外缘的"当头棒喝"，才能真正改变这种局面。而读书、读别人，正好可以起到这种作用。

有的人可能说："现在股票市场变化快，能写在书上的东西都过时了，书上哪里有答案？"

这种看法很有害：

其一，现象常变，规律不变。股票市场常变和过时的，是一些现象层面的东西，而规律层面的东西，往往亘古不变，比如人性的东西，比如底层逻辑的东西，以及涉及交易的一些战略和心法的东西，等等。这也是为什么说"华尔街没有新鲜事，因为投机像群山一样古老，股市今天发生的事，过去曾经发生过，将来也必然再次发生"。

其二，书没有直接答案，但书会带着你进行一场思维和逻辑的"旅行"。任何书，只要是作者用心创作，里面都会有一套系统化而非碎片式的看问题的角度和思维，它能给继续思考提供"养料""燃料"和"触点"。这些东西，也许平时沉睡在你的大脑深处，而书恰恰能够唤醒它，燃烧你、激荡你，重新启发你思考。也许这种思考，能够打破你的"死角"。

其三，投资中，小的进步靠知识的增加，而质的革命性的进步，靠的是认知突破和维度的升级。那些花样繁多的战法和绝招，很多是在同一个维度里打转。人类对股市的认知，往往需要很多年才有一个维度的更新。而书，因其是系统化的思考和总结，而不是快餐式的灵感，更容易帮人完成维度的升级和改造，实现质的进步。这也是越是投资大佬，越是乐此不疲地热爱阅读的原因。

所以，书不但有用，而且有大用。

再退一步讲，一本书哪怕里面只有一章、一段话、一个认知或者一个观点能够震撼和启发到我们，就够了，就超值了。投资路上，很难有人给你所需要的全部的 100% 的东西。有人哪怕只给一两句话，甚至一个词，如果真能启发到你，就已经受益无穷了。

我自己从事投资很多年，深感投资是一辈子都需要为之努力的事情。我觉得我比任何人都喜欢读书，投资的书，非投资的书，包括很多在一些人看来没用的杂书，我都喜欢。但凡这些书里有只言片语能让我有所悟、有所想，我都会感恩、都会默默感谢。即使自己今后超越了那些文字的内容，甚至觉得它们过时落后了，但只要想起当时阅读时的情景，想起曾经给我带来的启发，我都会深深地感动。因为这些阅读毕竟在当年唤醒过我深度思考，燃烧过我，启发过我，也为我厚积薄发、多维度思考打下最扎实基础。

三

《楞严经》云："理可顿悟，事须渐修。"

本书以这句话为书名来源，从"顿悟"和"渐修"两个层面来思考投资。顿悟和渐修，是人类认知和修行的两个法门。佛教中有顿悟派与渐修派之争。慧能和神秀的故事，其实就是顿悟和渐修一较高下的故事。虽然最终慧能一派大行天下，但从修行的角度上来说，大多人更适合渐修而非顿悟，只不过顿悟迎合了大多数人的内心企盼。

投资何尝不是? 我们经常艳羡别人的一朝顿悟，也常用顿悟表达已经"得道"，足以说明顿悟更能迎合大多数人的内心企盼。而真实的情况呢? 如果没有数年如一日的渐修，顿悟就是空中楼阁。我听过太多顿悟的故事，到头来只不过是渐修路上的一个"驿站"而已。宋朝杨万里有一首诗写得好：

> 莫言下岭便无难，赚得行人错喜欢。
> 正入万山围子里，一山放出一山拦。

很多人自以为顿悟了，后来却发现还有另外一层"山"在前面挡着，真是"一山放出一山拦"。所以，一次次的顿悟，事后看都是一层层的渐修。而离开这一层层的渐修，是无法达到最后的顿悟的。

从认知论层面上，顿悟和渐修不可分离。而在实践中，顿悟也不是万事大吉，它仍然还须渐修。

我们经常发现这种情况，某个理已经悟到，但就是做不到，或者一做就走样。为何? 因为理是认识层面，实践是做事层面。认知层面的东西或许可以在外界的启发下突然"灵光一闪"顿悟，但是要把这个顿悟的成果落地，却绝非一朝一夕，它必须要在"事上磨"，这个磨就是渐修。没有渐修层面的修成正果，仅仅是顿悟上的灵光一闪，不算真正意义上的悟到，心到手未必能到，只有心手合一才是真正的悟到。

当然，我们不能走到问题的反面，过于在渐修上天天拉车，而不看路。股市上做得好的人，都是悟性极高的人，都是能够从经验中悟出一套超出常人认知的东西。这些东西或许可以用语言表达，或许无法用语言表达，但一定都是超出简单现象和经验层面的东西。这个东西是每个人最宝贵的东西，它是一个人日日夜夜反复思考、辛劳总结与突然灵感迸发、豁然开朗的结晶。即使它不是终极意义上的悟道，但也足以打开某个死角，解决某个问题。这样的死角打开多了，问题解决多了，也就慢慢真的全面顿悟了。

我辈不才，喜欢思考总结，也有缘结识、有幸请教一些天赋异禀、成就卓越的投资高人，其间有顿悟的成果，也有渐修点滴的总结。这些东西，很多都收录在本套书中。因为对顿悟和渐修有切身体会，所以把书名冠以《顿悟渐修》。在这里，我把它们分享给大家，希望我的思考，能够给大家不一样的启发。

本套书与以前我曾经写过的几本书最大的区别在于，顿悟部分更充满哲思，形而上部分更加形而上；而渐修部分更充满细节，形而下部分更加形而下。在书中，我不仅提供一些硬知识，更希望对人类的投资知识体系有所贡献，希望我的一些思考能够拓宽人类关于投资的认知边界，也力求能够为一些人提供新思考、新思维和新思想。

四

书和书不一样，出书和出书也不一样。有的人出书就是为了职称或者名利，而有的人出书是为了情怀和理想。平心而论，我是一个已经出版过好几本畅销书的人了，书能带给我的荣誉（东西）我都有了，按理说，多出一本少出一本，对我意义真的不是很大。如果单纯为了稿酬，一本书的收入远远不如搞一场网络直播来得多、来得快、来得轻松，何苦呢？但是，为了阐明一些道理，我还是决定把过去几年的思考和文章整理成书。

其实写书并不是只有会表达的人才有的专利。我在《龙头、价值与赛道》的序里，就曾表述过：

> 可以想象，大多数投资者也都应该有"书写"的习惯，比如把平时的经验和小秘密写下来，把一些新发现和新规律记在小本子里，等等。其实，这与我写的书没有本质的区别，只不过我在因缘巧合的情况下，把我的"小本子"出版了、公布出来了，而很多人的"小本子"一直藏着而已。

我一直觉得，任何一个勤于总结的人，也都在默默"写书"。我之所以连续公开了几本自己写的书，其很大的缘由就是"不知轻重"地写了第一本书，一不小心把"龙头"这个词经我手变成了股市里一个非常热门的词汇，飞入寻常百姓家，被广泛引用和流传。但很多人只是打着龙头的旗号，用龙头这个好听的词来装自己瓶里的酒，结果把龙头战法搞得鱼龙混杂，龙头一词早已偏离我最初要表达的意思。为了归醇纠偏、为了阐明龙头股和龙头战法的思想要义，我不得不多写几本书，于是有了其他几本书，当然，也包括本套书。

但本套书跟前面几本又有些不一样，这套书是将我前几年创作的一些文章按照一定的逻辑重新整理而成。本来我不计划把它们出版，因为它们早已经发表在互联网世界里，但当我自己回头看这些文章，着实喜欢。特别是关于战略、战术、原教旨龙头和归因的文章，我自己都有把它们打印出来反复翻看的想法。因为每次重读这些文章，我自己都能再次触动，有的甚至看得我自己热泪盈眶：那个时候的我该有多拼，才能写出这样的东西。后来想想，与其在网上来回翻看，不如把它们变成书，翻看起来更方便。于是，我决定把它们出版。

所以，从自私的角度上说，这首先是一本为自己写的书。

当然，书一经问世，就是社会的产品，我也希望它能够启发、照亮其他人。

忘记在哪里，我曾经看过这样的话：

> 有时候我们看遍浩如烟海的东西，也无法成长，而有时突然遇到三言两语，却恍然大悟。

关键是你不知道那两句话藏在哪里。事实上没有人专门给你准备那两三句话。也许机缘巧合，在某个正确的时间、在某个该有的火候点、在某个契机里，你在某本书上遇到这两三句话。

有时候我想，也许在我的书和文章里，能让某个读者遇到这两三句话呢。如果真的如此，那我也算是一个对他人有意义的人。

当然，我也不知道我的思考和文字能不能给别人带来这种契机，有没有这样的两三句话，但万一带来了呢？如此则功莫大焉。如果没有带来，对读者也没有任何损失呀！

这就是我最终决定出版本书的起心动念。

记得有这样一句话：

> 假如你不能成为别人生命中的礼物,就不要走进别人的生活;
> 假如有人进入我的生活,我有能力认出这份礼物。

希望,本书能成为你喜欢的礼物,特此献给你!

以此:不枉你我相识一场!

谢谢!

目 录

龙头价值观　　　001

分类思想：不同的钥匙开不同的锁　　　003
股票最大的分类：龙头股和其他股　　　005
未定龙时，人找龙；定龙之后，龙找人　　　009
龙头场　　　012
完全是好的作品一直滋养着演员，
好的股票滋养着投资者　　　014
龙有九条命　　　018
天之大宝，只此一轮红日；人之大宝，只此一息真阳　　　020
龙头的本质是无限流动性　　　023
常无欲以观其妙，常有欲以观其徼　　　025

拥抱龙头就是拥抱市场上的先进生产力 027
龙头最大的价值在于：
它的存在和上涨符合大多数人的利益 031
我只担心我配不上我的苦难 033
我的自选股里有两个股票 035
差别 039
群雄 043
神与半神 046
龙头信仰 048
骨血论：大多数"核按钮"都是降低审美引起的 058
龙头品质：论大面的根源与龙头的纯粹性 063
不要轻易认龙头，除非一眼万年 070

谁是龙头 073

谁是龙头（一）：整体观 075
谁是龙头（二）：九安医疗篇 076
谁是龙头（三）：长跑与短跑 079
谁是龙头（四）：破局者即是龙头 081

谁是龙头（五）：绕不过去的存在	084
谁是龙头（六）：区分龙头与非龙头的小窍门	087
谁是龙头（七）：核心度	089
谁是龙头（八）：风动、幡动、心动	099
谁是龙头（九）：初因与本性	103
谁是龙头（十）：本自具足　光芒万丈	106
你是猎手，还是猎物？	108
内在流动性：股票韧性和生命力的源泉	110
一文道尽龙头战法的前世今生	112
龙头是什么？	133

白马价值龙头　　　　　　　　　　　　　139

当我们说龙头的时候，我们在说什么？	141
龙头走过的路：从伯利恒钢铁到……	144
拥抱头部：勿作叶想，勿作花想	149
龙头之两种：价值型与情绪型	153
龙头新变化：离价值很近，离投机很远	157
超级龙头	161

游资转型：价值 or 情绪　　　　　　　　　　165

基本面与情绪面：谁才是星辰大海？　　　　171

白马龙头：第一性、领涨性、价值性　　　　175

龙头再认识　　　　　　　　　　　　　179

龙头本质上是一段"势"的载体与表达　　　　181

君安臣贤：龙头的权力结构　　　　　　　　184

龙头更是一段"势"的建设者和超越者　　　　186

谈谈龙头思维　　　　　　　　　　　　　　189

龙头深度思考（一）：从天地造化到流水线产品　193

龙头深度思考（二）：主帅的质量决定行情级别　198

龙头深度思考（三）：造物主，当为天下谋　201

抬轿与随礼　　　　　　　　　　　　　　　206

是人穿衣，而不是衣穿人　　　　　　　　　210

当龙头不代表市场的时候，
龙头战法就成了"套路战法"　　　　　　　213

超级龙头有哪些"共性"？　　　　　　　　218

能涨和龙头，是一回事吗？　　　　　　　　221

目录

龙头与小弟的关系：全面理解领涨和带动	223
切换战略：只看龙头切，不看高低切	230
龙头：从一而终 or 轮流执政	233
资金性质决定龙头性质	239
反派出演技	247
为什么最近龙头爱玩切换	251
切换的主因：偏离	258
龙头跑全场，补涨跑一段	263
从南宋南明的历史存亡谈谈龙头战法	267
从米芾书法谈龙头：美丑与风骨	270
分时审美：什么才是龙头该有的样子	279
人往往会高估过去一年的变化，低估五年的变化	285
也许，昨天没有你想象得那么重要	293
最好的强不是"最强"，而是"持续强"	295
什么样的股容易成为龙头：力道贯通	301
观大略	303
分时决策：也许是最艰难、最大的一段弯路	305

龙头价值观

分类思想：不同的钥匙开不同的锁

今天分享一个重要思想，就是股票要分类做。

在很多人眼里，股票都差不多，关键是买点的不同。有的人创新高去买，有的人低吸，有的人打板，有的人按照估值做。

但在我眼里，买点区别不大，倒是股票之间区别大。

记住，这是一个非常重要的思想认知。

为什么说买点区别不大？

因为买点高一点儿或低一点儿，顶多是盈亏的量变，而股票的对错，却是质变。

或者说，买点的窍门是量变级别的修为，而股票的对错是质变级别的修为。

所谓股票的对错，就是要把股票分类。不同的股，不能简单地用同一个买法。

这个市场上流传着很多似是而非的股神语录，有真有假。但这些语录背后的潜台词和默认条件却不会流传。因为名言都言简意赅，朗朗上口，如果加上条件就不好流传。

比如：买在分歧，卖在一致，首阴战法，等等。

而这背后藏着的选股学问、股票归类的思想，却少有人去问津。

一定把股票分类做，不同的股票，配合不同的买法。

有的买法，只能龙头专用；有的买法，只能趋势主升浪专用；有的买法，是横盘区股票的专用。

不可混淆。

股票分类来思考，这是今天分享给大家的!

怎么分类?

我以为，这个问题只要你重视，你总会找到答案。

最近看张捷财经观察的视频，他的一个观点我很认同："最重要的原创和发明，（最关键的）不是技术实现，是技术想法。"

（注意这里的技术不是技术分析的意思，而是一种新的专利发现，也就是新的发明创造。）

思路的正确和逻辑的清晰，比用什么方法去达成重要。只要你往那个方面去想，你总能找到方法去给股票分类。

股票最大的分类：龙头股和其他股

我们看历史剧，会发现朝堂上的人分两类：一类是皇上，一类是其他人。

从这个视角看问题，我们会发现很多方面都是如此。

2020年白酒火的时候，有人也说，白酒其实就是两类：一类是茅台，一类是其他酒。

而股票最大的归类，在我看来也不外是龙头股和其他股。

那么什么是其他股？不是龙头的股就是其他股。什么又是龙头股呢？超越其他股的就是龙头股。

这种解释肯定会让很多人抓狂，怎么可以这样"耍赖"？

其实，我们认清了其他股，龙头股自然就明白了。

那么到底什么是其他股？凡是不敢自己带头涨，没有独立和主动行为，喜欢跟风和"察言观色"的股，就是其他股。也可以叫跟风股、平凡股、墙头草、骑墙股。

那什么是龙头?凡是敢一马当先,有独立股格,领涨且掌握自己命运的股,就是龙头股,也可以叫领导股、领头羊、超级强势股。

在我的世界观里,股票的第一种划分方法就是龙头与其他股。需要强调的是,我这种划分法不代表真理和科学,只是我个人的认知方式。如果你喜欢,也可以用其他划分法。

把股票分为龙头和其他股后,我就会做以下事情:

- 在龙头上,我会重仓位,会多格局,会倾注最大的心力和注意力,用一个屏幕专门去盯着。
- 在其他股上,我不会太重仓位,也不会怎么格局,如果出现很好的套利机会就做,如果没有,就走马观花,看看而已。
- 在龙头上,我可以多冒险,主动进攻。而其他股上,则尽量保守,等待机会送上门。
- 在龙头上,我会时时刻刻琢磨它,直到通透。而在其他股上,想不通就不想了,不会魂牵梦萦。

有的事情,龙头能干,其他股不能干。有的情感和格局,只能给龙头而不能给其他。

把龙头和其他股分类后,做很多事情就轻松多了。

股票千千万,如果都以同样的心去面对,必然顾此失彼,眉毛胡子一把抓。分类后,就有了区别对待。

我们知道有一个著名的 80/20 法则。比如,这个世界上,20%

的人掌握 80% 的财富；企业运营中，20% 的客户贡献 80% 的利润；等等。

而在股市上，这个现象更为极端，可能是 90/10 法则。只有 10% 的人能做好股票，90% 的人做不好。股票本身，10% 是好股，90% 是差股。一年给我们贡献利润最大的股票，也许只占我们交易的 10%，另外 90% 是不贡献的，甚至是拖后腿的。

既然如此，那我们何不把最大精力放在关键少数上？

这与龙头思维异曲同工。

对待 20% 关键客户的态度，肯定跟对待 80% 普通客户的态度不一样。同样，对待龙头的态度，也和对待普通股的态度不一样。

同样是被套了，龙头格局下，可能会出奇迹，而普通股一旦套一点，我才不想跟它谈格局。龙头和普通股，是两个待遇。

我以前有谈仓位的文章，当时用的词是：聚是一团火，散是满天星。

什么时候是满天星？就是无法聚焦龙头的时候。如果能聚焦龙头，绝对是一团火，我才不会满天星呢。

除了心力和仓位，龙头与其他股的分化还是交易的需要。

同样是买卖点，比如分歧低吸，比如先手，比如反包，比如抄底，这些听起来激动人心的东西，其实只有在龙头上才具有高度的有效性和威力，而在跟风股和杂毛上，压根就不是那回事。

为什么很多人经常埋怨，说这个方法也不行，那个方法也不行？因为每种方法都有其使用的范围。

皇帝拥有的三宫六院权，平民也能享有吗？

古语有云：君不密，则失臣，臣不密，则失身，几事不密则成害。

皇帝昏庸，顶多让贤臣离去，而普通人不密，则可能招来杀身之祸。

总之，龙头与普通股是两个世界。一轮行情来的时候，我们应该把最大的热情和尽可能多的心力放在龙头上，尽量回避在普通股上纠缠和斗智斗勇。

正如我们的人生，多与达人相处，少与庸人斗嘴。

多交人中龙凤，多做股中龙头！

未定龙时，人找龙；
定龙之后，龙找人

练武师父说，练功前三年，是人养功；而后面一辈子，是功养人。这个说法太精辟了。

我做龙头战法最大的感受也是这个思维，只不过，话略微变一下：

没有龙头之前，人找龙。龙头诞生之后，是龙找人。

什么意思？

市场并非时时刻刻有龙头，即使有，龙头在初期也很难被认出。这个阶段最大的任务就是人去找龙头。

而龙头一旦确定，剩下的就是龙头找人。

找什么人？

找有龙头信仰的人，找伴随龙头的人，找理解龙头的人，找懂它的人，找知音。

所以，龙头战法分为两个阶段：第一个阶段，寻找龙头阶段；第二个阶段，交易龙头阶段，龙头已经水落石出，不用找了。

这两个阶段可以分为：做可能成为龙头的股票，在已经是龙头的股票上做。

第一个阶段是人找龙，第二个阶段是龙找人。市场上，很多人喜欢前者，就是龙头还没有确定的时候，喜欢去猜测，去寻找，而一旦龙头真正诞生了，有人又害怕了。所谓叶公好龙是也。

为什么？

因为确定龙头之后，一般都比较高。

很多人要么是恐高，要么是用情绪周期、板块效应等东西自己吓自己，结果，找龙者多，骑龙者少。

要知道，你找龙的时候，龙也在找你！你找龙辛苦，龙头找有信仰的人也辛苦。

人找龙只是一时，而龙找人一世。

真正衡量一个人的龙头信仰，不是在你找龙阶段，而是龙找你阶段。龙头出现了，你——

在不在,
应不应,
来不来,
做不做?

最害怕的是,当龙头大摇大摆地在你面前晃来晃去,你却对它视而不见,甚至还在到处问:
"龙头在哪里?"

龙头场

很多人不敢做龙头，一个重要的原因就是被伪装成龙头的股伤害过，或者恰好做错了一个龙头。所谓"一朝被蛇咬，十年怕井绳"。

但如果反着来，如果做惯了龙头，可能再也回不去了：

再也不想去做杂毛了，

再也不想去跟风了，

再也不想去做后排了，

哪怕看一眼，你都不想看。

那时，你就建立了纯粹的龙头价值观。这种价值观会保护你的龙头"洁癖"，会提高你的龙头"审美"。到那个时候，你的自选股自然而然就干净了。

所谓五岳归来不看山，黄山归来不看岳。你的眼里自然装不下非龙头股。

但这一切，需要从你主动排斥杂毛做起。

哪怕杂毛赚钱也不去做，只吃龙头的饭。此种做法，需要大舍之勇气，也须岿然不动之意志。

但只要有意识地去努力，会慢慢养成只看龙头的习惯。

不过，只要坚持久了，一定会明白此种做法之妙。

当然，这需要一个过程，这个过程，就是修心、修性的过程。因为它要主动面对各种诱惑。特别是，知道有的钱能赚而不去赚。

这样做的最大好处，就是培养龙头"场"。

一旦建立了这种场，它就会反馈给人，形成同声相应、同气相求的效应。所谓人找龙，龙找人，就形成了良性的循环。

到那时，你的自选股里，除了龙头，还是龙头。

完全是好的作品一直滋养着演员，好的股票滋养着投资者

一笔好的交易，最好是要达到两个结果：

一个是赚钱，不赚钱肯定是不好的交易；
另一个是赚品格，就是赚钱的同时，这笔交易要滋养你的品格。

对于第一条，很多人都认可。但是对于第二条，估计重视的人不多。因为在很多人眼里，赚钱就是一切。

但我要强调的是，第二条甚至比第一条还重要。因为赚钱

有体系为之，
有偶尔为之，

有运气为之，

有误打误撞为之，

也有错误的交易反而能为之。

但如果赚钱不是在自己的体系和掌控之内，那么那种钱迟早会吐给市场。凭运气赚的钱，迟早会"凭本事"亏回去。

只有那种自己体系赚到的钱才能持续，所以体系很重要。

但体系坚守比较难，毁掉比较容易。为了保持体系的坚固和纯粹，每一笔交易最好能滋养体系。

什么意思？就是每一笔交易不但赚钱，而且能"赚品格"。这种品格不是泛道德的意思，而是说，每一笔交易要积累模式内的经验和磁场。

比如，如果你是价值股交易者，你就应该积累价值股的经验，而不是去做没有价值的热点股；如果你是龙头交易者，你就应该积累龙头的经验，而不是四处出击，积累大杂烩的经验。

其实，人做股票的时候，股票也会把它的气质释放给人。你交易什么股票，什么股票就缠上你，久而久之，就会"臭味相投"。

就像紫砂壶。我们知道，一把紫砂壶最好只泡一种茶。红茶专门用红茶的紫砂壶，绿茶的专门用绿茶的紫砂壶。如果混用，那么养壶将没有价值。

我宜兴的朋友跟我说，人在养紫砂壶的同时，壶也在养人。只有保持每把壶的纯粹性，这把壶泡的茶才好。

茶滋养壶，壶滋养人。前提是茶须是纯品。

很多领域也都这样。

比如演艺圈。有追求的演员并不是什么片都演，也并不是给的钱多就演。好的演员，其实是追求作品能够提升自己。

正如张译所说：完全是好的作品一直滋养着演员。

一个演员，最大的运气莫过于接一部能够滋养自己、塑造自己的电影（电视剧），而不是片酬高的。诸如《一地鸡毛》于张译，《士兵突击》于王宝强，《少林寺》于李连杰，《三国演义》于唐国强，《大明王朝》于陈宝国……

好的角色养人，坏的角色毁人。

股票又何尝不是呢？

有段时间我痴迷于补涨，也是研究了好一段时间。突然有一天我醒悟了，如果我会做补涨了，眼里都是补涨，那该怎么办？恰如手里有个锤子，眼里都是钉子。

如果我学会补涨股该怎么做了，忘记龙头了怎么办？

如果我积累了大量的补涨股的经验和技巧，冲淡了龙头主题怎么办？

这么一想，突然后背发凉。

于是放弃了补涨股的研究和总结。

并不是说补涨不赚钱，而是说，人的注意力和纯度是100，如果其他地方占得多，这个地方就一定占得少。

对于有的模式，我不去研究、不去过问、不去关心，要比去研究、去过问、去关心的好。

其实，你在做股票的时候，股票也在做你。

你以为你从一个股票上带走的仅仅是钱吗？不，你带走的是一种同气相求的冥冥共振。

做龙头，龙魂会跟随你。做补涨，补涨会缠着你。

每一笔交易都不是一个简单的过客，它都带着记忆，带着气息，带着因果和轮回。

正因如此，我们争取与龙相伴，争取让龙头滋养我们，主动舍弃和忘记那些龙头以外的东西。

海子曾有诗云：

> 从明天起，做一个幸福的人
> 喂马、劈柴、周游世界
>
> 从明天起，关心粮食和蔬菜
> 我有一所房子，面朝大海，春暖花开

这句话，我稍做修改，献与诸君：

> 从明天起，做一个纯粹的人
> 补涨、套利，统统走开
>
> 从明天起，只关心龙头、主线和前排
> 只在龙头的世界里，面朝大海，春暖花开

龙有九条命

自然界中有一种动物的生命力特别强,哪怕你把它斩为无数节,它依然能活。

也有一种植物生命力同样顽强,哪怕你把它压在石头下,放在悬崖上,抛到山谷里,它依然存活。

甚至它的种子被吞到鸟肚子里,等鸟儿将其排泄出来后,它依然能发芽。

这是生命力的倔强,是韧性和顽强的体现。

同样,股市里有一种股,它具有无限的韧性、反复性和顽固性。哪怕市场再不济,它都会自我保护,自我成长。

当然,并不是所有的股都这样,只有一种股这样,我们把这种股叫龙头股。

做股票,最重要的就是把龙头和非龙头区分开来,也就是把最有生命力的股票单列出来，特殊对待。

凡有此意识和心态者，即为龙头之心。

为什么要区分？因为龙头可以格局无限，普通股则一不对就溜之大吉。

我们经常看到，龙头和小弟跟风有命运式的本质区别。曾经几时，每每大盘暴跌之际，龙头依然拓展空间，一待大盘回暖，龙头果断连板。而其他股，则东张西望，惶惶不安。

龙头是那种只要给点阳光就灿烂的品种。而普通股，往往是给点阳光，稍微涨一点儿就容易被人卖掉兑现。

龙和非龙，是两个物种，两种世界，两套价值观。

龙头就如同石头缝里面的种子，会不顾一切地向上拓展。龙头也如同天选之子，每每关键时候，好事也来垂青。仿佛所有的利好，所有最新的新闻，它都能沾边。

其实，并非龙头命好，而是龙头命硬，硬到一路穿越，而穿越的过程中，总会与各种利好和新闻结缘。

龙头的本质，其实是一种生命力，是人心所向而加持的生命力，是无限流动性带来的生命力，是无限修复能力带来的生命力，是无数次格局和接力后，意外利好都能沾边的生命力。

总之一句话：龙有九条命！

天之大宝，只此一轮红日；
人之大宝，只此一息真阳

中医上有一句著名的话：

天之大宝，只此一轮红日。
人之大宝，只此一息真阳。

对于天空来说，最重要的是一轮红日。有红日，则万里晴空，风景无限。无红日，则淫雨霏霏，死气沉沉。

对人来说，最重要的是真息真阳。从中医角度说，这个真阳就是命门之火，坎中之火，也叫元阳，通俗的解释就是肾阳。

这句话源自明朝中医泰斗张景岳。他以太阳于天地的重要性，来比喻命门之火对人的重要性。

这种本源性思考，也启发了我对股市的思考。我经常想：股之大宝呢？什么是股票市场最重要的东西？

有人说是环境，也就是时势造英雄；也有人说是龙头，就是英雄造时势。当然，这两种观点常结合起来使用。

于我而言，更在乎英雄。

我认为，赚钱效应和大的时势是稳定的，而时势和时局之下，谁是主角才是最重要的。这个主角，或者说时代的弄潮儿，时代的英雄，在我的定义里，就是龙头。

一段时间之内，只要发现一个龙头，千万不要有这种思想：龙头已经很高了，我现在才知道它有什么用呢？

这是典型的线性思维。

其一，谁告诉你龙头高了就没有价值了？

龙头高了，可以等等做它的第二波，可以去做它的箱体套利，可以围绕它反复做。

五年前，我在北京大学国际关系学院给很多朋友分享龙头思维的时候，我就表达过一个观点：一龙吃三年。

当然，用词有点夸张和文学色彩，但本质要表达的就是，一旦发现龙头，当然——这里说的是总龙头——就不要轻易放过。除了追高，龙头还有很多种"吃法"，可以各种"烹饪"。

不信，你去看看九安医疗，去看看中国医药，去看看浙江建投。

其二，谁告诉你龙头就"高"了？

龙头的"高"是相对的，如果不高，也未必是龙头。不要轻易给龙头定义高。当然，我这里不是鼓励大家追高，而是鼓励大家追龙。

我们可以看看最近的几个赛道，房地产、医药，那些不高的，或者说那些没有龙头高的股，其竞争龙头失败之后，是什么一个命运？简直是一路狂跌，一泻千里。

低了，未必就安全。

或者说，安全与高低没有必然联系，而与流动性有关。

通过最近这几个龙头案例，我们可以清楚地看到，龙头就是流动性最充沛的品种。

龙头几乎会吸引来源源不断的流动性。龙头只要还有一口气，一个理由，就会有无限流动性前来捧场。

甚至龙头跌的时候，流动性也那么依依不舍。

也就是说，龙头的流动性不但表现在它上涨过程中，也表现在它出货和下跌的时候。

> 只要是总龙头，哪怕是下跌，
> 都那么不慌不忙，井然有序；
> 都那么顾盼生辉、依依不舍。
> 原因无他，乃市场之真阳耳！

龙头的本质是无限流动性

龙头的本质是什么?

龙头与其他股最大的区别是什么?

我们今天换个角度来思考。

为什么普通股跌了就不再反弹,一直 A 杀,而龙头会经常被人救起,莫名其妙地又来一波?这其中的蹊跷在哪里?答案是:

龙头在某种程度上就是流动性。

什么意思?

跟风、补涨、杂毛也许某个人或者某些人喜欢,而龙头最受大多数的人喜欢。

龙头涨了有追涨派，

龙头跌了有低吸派、首阴派，

龙头跌停以后有翘板派，

龙头烂板有弱转强派。

有这种想法的不是一两个人，而是市场上最大公约数的人。

有人可能会问，难道补涨跟风就不能去做反包、去低吸吗？

可以。

但补涨跟风，只要你去玩花招，比如反包低吸弱转强，容易失败坑人，而龙头则不容易。

龙头以它过往的成功率，建立了强大的信任感。杂毛和补涨，以其不争气的A杀，建立了负面信任感。凡是遇到龙头，只要你觉得是买点，它就是买点。凡是补涨和后排，你觉得是买点，往往是别人的卖点。

这样，龙头就成了流动性聚集点，这让市场上很有心的人，凡是遇到龙头，就喜欢去参与。

或者说，只要是龙头，只要你定龙定得准（这句话是关键），你就会拥有意想不到的流动性。

所谓流动性，你也可以说是接力资金和后备参与者。

也正是从这个意义上讲，龙头有九条命。

信仰龙头，本质上是信仰市场上最有生命力的股票、最有流动性的股票。

常无欲以观其妙，常有欲以观其徼

老子《道德经》有句话：

> 常无欲，以观其妙；常有欲，以观其徼。

有时候我想，我们看股也应该如此。

抽身事外和置身事中，分别用不同的境况去看龙头，更容易看到龙头的本质，也看得更全面。

我曾经有个观点：龙头具有无限流动性。

很多人不认可。因为很多人置身股中时，常常一买就跌。

但如果我们真的过了识龙关，也就是真正认识龙头，而不是普通的补涨、强跟风，你再去看龙头，一定会看到"汹涌澎湃"的流动性。

只要你不错误归因，不把非龙头股票的特征套在龙头上，而是就龙头谈龙头的特征，你一定会感受到龙头的流动性很强。

怎么个强法？

我们不谈龙头的涨，就看龙头的跌吧。

有时候，龙头被我卖出后，这个时候我的心态是空的、仓位是空的，也就是处于"常无欲"状态，那么这个时候当然就是用"自由"和"超然"的心境去看龙头。

而此时，我依然能发现，龙头的流动性照样是暗流涌动。

通过分时图对比，通过龙头与普通的二板股、三板股对比，我发现，同样是跌，龙头的跌是慢的，是依依不舍的。

甚至，龙头的每次回拉，都撩动无数人不安的心。

真是流动性黑洞呀。

跌的时候都那么有流动性，怪不得涨的时候，天下游资竞折腰。

其实，当手里止盈掉龙头的时候，是希望龙头快点跌，或者干脆早点跌停，这样能让一个周期尽快出清干净，再来一局。

而此时，龙头就是不跌停，甚至还反复上攻，这就更证明了龙头具有无限的流动性。

而当我看到这一点，我就更暗自下决心：如果下次再发现一个超级大龙头，看我怎么干它！

那时，就是"常有欲"了。

拥抱龙头就是拥抱市场上的先进生产力

前几天看到长春大学金海峰教授引用的一段古文，感触很深，原文曰：

何其处也，必有与也；
何其久也，必有以也。

什么意思呢？如果不追求学术的考究，我们可以做如下通俗的理解：

你怎么样，不用你说，看你平时与什么人为伍，看你经常处理什么事情，就知道了。能不能把一件事情做得长久，也不用你说，看你的初因和愿望够不够就知道了。

这段话，前半部分我感触最深。

"何其处也，必有与也。"一个人怎么样，过得好不好，事业怎么样，确确实实不用你自己去说，看看你平时跟什么人打交道就知道了。天天狐朋狗友，天天陷入毫无意义的争论和交流，看似天天社交，其实对提升毫无用处。天天处理一些鸡毛蒜皮的事情，根本提升不了自己的境界。我见过很多人，在一些群里为了一些无聊的事情去争论，去辩驳，甚至谁跟他的观点不和就去怼谁，这样怎么可能提升？

毫无价值的争论，低水平的问题，只要你参与，你就输了。而热衷于此类问题的人，只要你天天与他相处，你也输了。因为你与不该"与"的人和事"与也"。

同理，在股市上，我们也应该用这种思想。

我一直认为，龙头战法是选择的学问。任何技巧和买卖点，首先要置于正确的股票之下。

有的股票，只要你去买它，不管你赚不赚钱，你就输了。因为你在选股上没有品位和洁癖，企图用买卖点的精彩和战术的巧妙来取代战略和选股的高冷。

怎么买卖，是技巧问题；但买卖什么，是品位问题。

技巧再难，只要勤奋，总可以解决。但品位问题，培养起来难，毁掉却容易。

龙头战法其实就是坚持只做龙头这种品位的股。

这种品位，以前我经常用"领涨""破局"这种词来描述，今天我换个新词。这个词也是我跟高段位朋友交流而突然"学"到的。

龙头的品位，其实源于做龙头的资金。

那么，做龙头的是一群什么样的资金呢？

答：先进生产力的资金。

它们最能抓住市场的主要矛盾，最能拓展上涨空间，最能攻城略地，最能打、最活跃，当然也最创造生产力。

如果做龙头，就应该天天与这类的资金为伍，与这类资金选出的股票为伴。任何时候进入市场，任何时候打开股票软件，眼里首先追寻的是这类资金、追寻的是这类股票，而不是一进入市场就到处去套自己的模型、套自己的买卖点。

必须把先进生产力的识别放在第一位，而不是把自己的模型和招式放在第一位。

这就是"何其处也，必有与也"。

与先进生产力相处，必会有龙头出没。与烦琐的招式相处，则会陷入战术的汪洋大海。

并不是说战术不重要，而是事有先后、物有本末。求本的事情必须放在第一位去解决，如此才能"因其久也，必有以也"。

社会上的先进生产力是推动社会进步的最根本要素，股市上先进生产力的资金，也是制造龙头的最根本要素。

或者这样说，龙头本身就是最先进的生产力，它以最高的效率、最大的进攻性、最无畏的勇气，带领市场前进。

做股票，就是要把握住这种最先进生产力的股票，让自己的资金，成为最有生产力的资金。

注

古语有云：鸟随鸾凤飞腾远，人伴贤良品自高。

做人如此，做股票也应该如此。伴随边缘股，会让人边缘。伴随龙头股，会让自己的资金最有生产力。龙头就是市场上最有生产力的代表，它们最有战斗意志，最凝聚人心，最具有流动性。龙头现在不仅游资讨论，机构也在广泛讨论。

龙头最大的价值在于：
它的存在和上涨符合大多数人的利益

龙头股最大的价值是什么？

它的存在和持续上涨符合大多数人的利益！

对于重仓龙头的人来说，这当然不用多说，龙头的存在和上涨，他是最直接的受益者。

而对于没有持仓龙头的人来说，龙头依然符合他们的利益诉求。比如，对于做补涨股的人来说，只有某个赛道产生了一个大龙头，补涨才能有依葫芦画瓢的"葫芦"；只有龙头高位不倒且持续开疆拓土，补涨才能"见贤思齐"，才能有补涨的空间。

再比如，对于做白马趋势的人来说，龙头持续带来的赚钱效应，也会激发白马趋势的上涨欲望。小河有水大河满，大河无水小河干。龙头和大盘趋势股之间，其实不是矛盾的关系，而是共生的关系。某段时间，趋势白马不好做，市场龙头也少；龙头少，人气凋零，白马趋势也未必好。最好的状态是白马趋势稳定中军，龙头小盘活跃气氛。比如，2019年年初是如此，2020年年初也是如此，2021年碳中和、医美行情也是如此。2022年年中新能源行情更是如此，长安汽车和中通客车共同涨，宝馨科技和派能科技同飞，这才是最好的状态。

所以，龙头不仅能代表某个股自身的涨幅，而且能代表市场的整体赚钱效应和上涨诉求。

很多人看到龙头上涨就"恨"，甚至希望它跌，然后自己的股涨上去，这是不对的。

因为如果龙头不涨，其他股往往也万马齐喑。我们要做的是共生齐涨。只不过，在齐涨的过程中，龙头具有一马当先的模范效应。

龙头也不是孤立产生的，它往往诞生在人心思涨之时，诞生在一个超强的主题和赛道内。龙头诞生后，它的涨幅和赚钱效应，又能反哺母体赛道，甚至反哺整个市场。

所以，龙头股的存在和上涨，其实符合大多数股民的利益。

这就是龙头最大的价值和意义所在。

不信，大家想想没有龙头股的那些日子，赚钱容易吗？而有龙头的日子，是不是赚钱好多了？

我只担心我配不上我的苦难

陀思妥耶夫斯基曾说：

> 我只担心一件事，我怕我配不上自己所遭受的苦难。

不知道大家看到这句话是什么感受，做龙头的人一定会感慨万千。

我最担心的是，那些曾经追高、曾经吃过炸板、曾经挨过核按钮的人，吃过那么多苦，是否能锻炼出龙头品质，能否在真龙来临的时候，配得上它！

谈龙头不难，嘴上说说信仰也容易，但是把信仰化为行动却很难。特别是，当你受伤之后，是否还相信它？是否还会为龙头热泪盈眶？

陀思妥耶夫斯基还说：

"上帝与魔鬼在那里搏斗，战场便在人们心中。"

股市何尝不是？

涨涨跌跌同样是搏斗，战场不在盘面，而在人的心里。

只有在内心深处，反复进行多次思考和斗争，才能在盘面上贯彻一个念头：

我愿意放弃所有的机会，只为让自己配得上龙头！

否则，就是对不起自己曾受过的苦难：

那些破板、炸板，以及"核按钮"！

注

本文是专门为龙头选手而写，如果不是龙头选手，也许不适用。

我的自选股里有两个股票

鲁迅的《秋夜》里有一句著名的话，是这样写的：

在我的后园，可以看见墙外有两株树，一株是枣树，还有一株也是枣树。

关于这句话，有很多争议和讨论。有人说是写无奈和惆怅的，有人说是写孤独寂寥的，有人说是病句，也有人说是名句。在我看来，这分明是名句，分明是写孤独的，特别是当我看到了下面网友模仿的句子：

我床上有两个枕头，一个是我的，另一个还是我的。

很明显，这就是孤独，就是精彩的名言。鲁迅写这句话的时候，在我看来，表达了一种心灵空旷和无限孤独，是一种意境。

其实很多意境，如果自己没有亲身经历过，可能永远体会不到那个深度。比如，我曾经写道：龙头是英雄，而不是群雄。

我记得这句话是2021年写的，那还是做九安医疗时有感而发。我想，哪怕到今天，彻底跟我一样对这句话有强烈共鸣的人也不多。

并不是这句话有多么高深，也并非这句话有多么难懂，而是只有长期专门做龙头的人才有那种独特的感觉，才会把英雄和群雄分得那么清。

对于非龙头选手来说，比如打板派、趋势派、技术派甚至价值派，股票区分应该没有那么苛刻，只有符合条件与不符合条件的区分而已。但在龙头选手看来，就没有那么简单。龙头就是龙头，非龙头就是非龙头，绝对不能越界，一定要吹毛求疵，甚至严格到令人发指，特别是：

把龙头和普通强势股分得很清楚，
把龙头和补涨分得很清楚，
把总龙和分支龙分得很清楚。

有的事情，龙头可以干，但强势股和补涨股不能干。就像有的事情雍正可以干，但年羹尧绝对不能干，比如穿龙袍、翻牌子。

如果不分清楚，那就是掉脑袋的事儿。

龙头股不是强势股，也不是普通的牛股，而是具有第一性、排他性、独特身份地位的股。关于这一点，我在《股市极客思考录》（升级版）最后几篇新增的内容上，写得非常清楚。

但很多人喜欢抹杀这个区别，或者觉得都差不多。比如，都是房地产股，都是连板，基本面也类似，图形也类似，买 A 和买 BCDEF，不都差不多吗？

不，差很多！

我们一定要透过图形看到它们背后巨大的鸿沟——龙与非龙。就像你和你的上司那种差距，虽然都有五官，都西装革履，都吃一样的午餐，也都在一起办公，但你们差距很大很大。

而股票中龙与非龙的差距，比这种差距还大。

这就是为什么我们看到今天的盘面，同样都是房地产，有的可以天天涨停，而有的趴着跌停不动。有的引来无限流动性，"朱门酒肉臭"；而有的无人问津，"路有冻死骨"。

这是龙头规律：只有龙头才具备源源不断的流动性！

如果搁在平时，搁在市场上涨的时候，搁在歌舞升平的时候，它们差不多。但只要市场翻脸，只要流动性吃紧，只要有风吹草动，它们的区别马上就表现出来：

一个天上，一个地下。

一个活，一个死。

一个扶大厦于将倾，一个闻风丧胆。

龙头的价值和风骨，不在平时，而在非常之时。但龙头的习惯和纯粹性，却在平时。只有平时就坚持把龙头和非龙头划分得清清楚楚，才能在非常之时，保持龙头的纯粹和洁癖，享受龙头的溢价和流动性。

所以，我以前讲过：你的自选股里，应该只放龙头。

不要害怕自选股里的股票少，不要害怕龙头孤独，因为龙头本应该稀少而孤独。

对于真正纯粹的龙头选手，他自豪的应该是自选股里的股票少，而不是股票多。

如果有一天，你打开自选股，能对人说：

我的自选股有两个股票，一个是龙头，另一个也是龙头。

我想，这该是多么值得骄傲的事情呀！

差别

看历史书时,第一次强烈地感觉到:

貌似相同的东西,其实有着无边无际的差别。

有的人在史书上能占好几页,甚至单独占一章,而有的人,成千上百万加在一起,才占几行,甚至寥寥几个字。

同样都是人,差异怎么这么大?

同一概念名称,常常会掩盖巨大的差异。

比如,同样都是书,有的是《周易》《论语》《红楼梦》,而有的叫某某某。表面看,都是那些纸,那些字,但差别是无穷无尽的。

再比如,同样是电影,有的叫《教父》《宾虚》《飘》《泰坦尼克号》,而有的叫某某某。同样是银幕,同样是两三个小时,但电影的差别无穷无尽。

再比如，同样是公司，我们的公司叫公司，苹果、华为也叫公司。同样是有限责任公司，在工商和注册那里，公司名字的字数也差不多，但差别更是无穷无尽。

相同的称呼和概念掩盖了太多太多的鸿沟。

同样是明星，有人是李小龙，有人是某某鲜肉；有人是邓丽君，有人是某某歌手。

同样是将军，有人叫白起，有人仅仅是将军。同样是医生，有人叫张仲景，有人是某某大夫。

同样是科学家，有人叫爱因斯坦，有人叫某某教授。

同样是政治家，有人是伟人，有人是政客。

当然，当我们把例子延展开去想，大家是能感受到巨大差别的。但它们一旦变成文字，比如刚才上面的行文，它们占据我们的阅读时间以及占据的图书版面，居然差不多。

这合理吗？

文字就是这样，它往往以相近的名称字数，抹杀事物之间巨大的差异性，特别是当把它们放在同一平台的时候。

股票更是这样。

同样都是股票，有的叫茅台，有是叫 ST 某某，如果你把它放在自选股里，二者所占有的你盘面的空间是一样的，但它们的差异则是无边无际的。

我们都有自选股，自选股里可能列着 5 个或者 15 个股，甚至 25 个，但当我们把它们放在一起的那一刻，也许我们就犯了一个致命的错误：

> 等而视之。

它们之间是有巨大差别的，有的可能是总龙头，有的可能是补涨，有的可能是纯观察备选股、纯备胎。但当它们挤在一个自选栏的时候，它们占的空间是一样的。占你早盘最宝贵的时间（通常是看盘前 20 分钟）可能也是一样的，更可怕的是，在你关键的决策时间里，只要你翻看它们，它们占有你的注意力和精力资源也是一样的。

请问："这合理吗？"

这是用无差异的方式把无边无际的差异抹杀了，这是用差不多的方式来解决差距十万八千里的问题。

那应该怎么办？

应该用差异来解决差异：

> 如果有一个股是总龙头，用一个屏幕去看它，去盯它！

为了它的地位和影响力，给它配碾压一切的注意力资源。这就是本文的核心思想。

去小事而大事明。去杂毛而龙头明。

请看下面两条：

（1）你的自选股里，应该只放龙头，谁符合买点买谁。凡是非龙头，放在备选栏，放在次要栏。

（2）早盘前 30 分钟，只看几个龙头的走势，非龙头瞅都别瞅。如果要看非龙头，等半小时过去再说。

以上是一个解决重要问题的方法：把最重要的资源配给最重要的股。

就像把最宝贵的爱献给最值得爱的人！

群雄

但凡武林有大事、有热闹看,"群雄"必定少不了。

群雄是什么角色呢?前几天看六神磊磊的观点:

- 羡慕慕容复的是他们,瞧不起慕容复的也是他们;
- 围攻明教的是他们,说明教牛的也是他们。

磊磊的话让我想起了股市。

按照龙头的语境,股票如果是人的话,可以分为三类:

一类是英雄,类似乔峰、张无忌、杨过;
一类是群雄,比如某门派、某长老;

一类是普通人，默默无闻，与世无争。

其实，在股市里，做英雄类的股也好，做群众类的股也好，最怕的是做群雄类的股票。

为什么呢？

因为，英雄类的股领涨抗跌，有英雄气概，为了兄弟，两肋插刀；群众类的股安静恬淡，安贫乐道，与世无争。这两类股都不会有大的风险。但群雄类的股票则不然，它既不甘寂寞，总想跃跃欲试，又不能独当一面，扛住分歧。行情一来，蹭着热点猛涨，行情一去，立即见风使舵，怎么可能侠肝义胆，两肋插刀？

而且，群雄还喜欢扮演英雄，总让人以为它是龙头类的股票，其外形、架势和派头，有时候确实与龙头无二，但当你真的把它当成龙头的时候，它又稀里哗啦。

综观金庸小说，群雄最主要的戏是两件：一个是大声叫骂，一个是大声叫好。群雄听别人说话，就两个反应：一会儿"一派胡言"！一会儿"言之有理"！

这跟股市里有一类股票是一样的，这类股票我叫"群雄股"，它们经常是墙头草，两边倒。市场好的时候，恨不得能开个一字板；市场不好的时候，恨不得核按钮开盘。没有一点英雄的气质。

我也多次为这种股票所伤，写这篇文章与大家共勉，提醒各位龙头爱好者：

我们做股票，要做就做最强，做总龙头，要么就不做。

千万不要叶公好龙，看着总龙头不敢做，反而去做下面的跟风小弟，甚至是分支龙头。

　　这种做法，与群雄何异?

　　不要做群雄，要做就做英雄!

神与半神

媒体将娱乐圈演员进行"封神榜"这件事挺有意思。

成龙是传奇级别的存在,主要是票房和全球影响力。

然后是神,再之后是半神,再之后是帝。帝之后,就不用细看了。

看过这个榜,我突然想到股票,如果龙头也有排序,也会有地位等级。

- 传说:旷古及今,超越时间与空间,诸如九安医疗、东方通信、中通客车、浙江建投、顺控发展。
- 神:总龙头,代表两市整体气氛,超越具体行业,诸如中国医药、湖南发展。
- 半神:板块龙头,代表行业炒作的极致,诸如王府井、道恩股份、光大证券。

- 帝：实力派，白马价值趋势龙头，代表基本面，诸如小康股份、三峡能源。

帝之后，就是各种补涨、卡位和跟风，意义就不大了。特别是各种套利补涨，很容易被人遗忘，甚至"核按钮"。

股票是有级别、有分类的，最大的分类是龙头与非龙头。

龙头中，又有级别，有的是几年难得一遇的龙头，此种龙就是传说。这种传说一旦出现，必须倾巢出动。

传说之后，就是各种龙，有的代表板块，有的代表两市，有的代表赛道。这些龙头出现，也必须敢于亮剑。

帝之后，就不要参与了。因为帝以下，就是凡尘了。

龙头者，就要常在神与半神之间，往上看传说，往下止于帝！

不要轻易下凡尘，自觉抵制凡尘间"繁华"的诱惑。

龙头信仰

信仰是术化为道的根本,是任何一门技艺从平凡达到巅顶的根本。

有人可能会说,我就是投资,就是炒个股票,为什么非要逼着我到巅顶?

我有一个书法家朋友,他既玩艺术也做股票,有一天他突然感慨道:在A股做投资和书画圈一样,只有做到顶级才有饭吃,否则都是消费者,供养前者而已。无数的书画家,翰墨因缘,烟云供养,到头来有几人能够以此为职业?举目华夏历史几千年,寥寥无几。股票投资虽然说及格就可以,但是自有A股以来,真正能够赚到钱并以此为唯一职业的,几乎跟书画圈一样稀少。所以,股票领域,及格就意味着是顶级,顶级才是及格,只有顶级才能生存。正因如此,很多没有做过股票的人问我要不要炒股,我都劝他们不要炒。

如果只满足做一个匠,一个合格的能工巧匠,仅仅术就够了。但要做一个顶级的人，必须有"道"，以道御术。要想升华到道的层面，无不需要"心法"加持，即信仰的力量。

当然，这里所说的"信仰"不是宗教信仰，而是对某种逻辑和内在规律的彻底通晓，在感性上形成条件反射式的直觉信任，在理性上经过千锤百炼的更相问难后的大彻大悟，并最终对某种事物产生超越短期得失和功利诉求的起心动念和价值坚守。

简单来说，信仰就是我彻底的心领神会，我发自内心地相信。这种相信是超越短期物质得失的，不因暂时的困难和短期的几次伤害就怀疑它，在实践中形成条件反射式的亲近感，这种情况才是信仰。

我理解的信仰，并不是口号和盲从：

首先，它必须闪耀着理性的光芒，必须让人明白内在逻辑和根本规律，对它的优点和缺点彻底通晓；辨之愈久，通之愈明，信之愈深。这点和盲从有根本的区别。一件事物，你没有搞明白它，无法理解它，是谈不上信仰的。

其次，它必须超越短期性，必须跳出小周期。很多人找到一种方法，赚钱了就相信它，不赚钱就骂它，这种人是不配谈信仰的。信仰追求的是长期稳定性和多次的大概率，而不是单次或短期的有效性。我们之所以冠以"信仰"这个词，就是要对它有超越时间和超越一城一池之得失的信任和坚守。

最后，信仰必须最终化为感性的条件反射，必须在交易的起心动念上体现某种价值选择。从自己内心来说，一旦遇到相符合的交易情景时，必须无条件做到——我相信！从外人的眼光看来，这是一个有风格、有取舍的人。

我在这里谈的做龙头股需要正信正念，需要信仰加持，就是要表达一种思想：龙头战法必须有超越性，必须追求其根本逻辑。

我们口口声声谈龙头信仰，为什么要信仰它呢？因为我看到了龙头独有的魅力，越去探索其内在的规律，就越心生欢喜地信任它。

那，龙头的魅力是什么？

答曰：在竞争中优势占尽，碾压一切对手。进攻时，所向披靡；防守时，固若金汤。它是博弈中攻守合一的完美选手。

龙头的根本规律是什么？

答曰：强者恒强。拥有第一比做得更好重要，占据老大位置就是最佳的策略。

龙头战法的根本信仰是什么？

答曰：与最强的事物拥抱与融合，要么成为第一，要么拥抱第一。

龙头，在一个国家，就是国王；在一个行业，就是实力最强的领头羊型企业；在一个单位，就是一把手；在体育竞赛上，就是冠军；在电影剧情中，就是第一主角；在纷繁复杂的事物中，就是主要矛盾。不同领域的龙头形式可能不一样，但其根本属性是一样的，那就是——第一性。只要是第一性的事物，无论它以什么形式存在，无论在哪个领域，我们都叫它龙头。

为什么要信仰龙头？根本原因就是，做龙头比做得更好重要。这个世界的万事万物，都在遵守龙头规律，强者恒强。

比如，在我们生活中，举目能够看到的事物，什么最强？太阳！我们吃的所有食物，如果没有太阳，就无法生长，蔬菜水果如此，大米小麦也是如此。肉类的产品，比如猪肉、牛肉、羊肉、鸡鸭鹅，离开太阳无法生长，因为动物吃的东西需要太阳进行光合作用。我们用的工业品，煤炭、石油以及其他能源，如果仔细追溯，其源头也离不开太阳；我们穿的衣服，用的笔、手机、电脑，制作的材料如果没有太阳，也是不可想象的。我们人类即使不需要这些东西，甚至不吃饭，不工作，天天睡大觉，如果离开太阳，也无法生存，因为我们要呼吸，离开太阳，离开光合作用，哪里来的氧气？所以，万物生长靠太阳。记得小的时候，一到冬天就寒风凛冽，经常雨雪交加，特别冷，但是只要一出太阳，内心就是暖的，心里就是舒服的；如果不出太阳，哪怕气温不低，可能也会觉得郁闷。太阳不但对我们的生理、生长有影响，更对心理有影响。为什么那么多家庭都喜欢买朝南的房子？同样格局的商品房，南向就比北向贵很多？还不是因为太阳！正因如此，不同国家、不同宗教、不同种族，都有形形色色的太阳崇拜和太阳文化。

  怎么聊股票突然聊到太阳了？因为在我能接触的已知世界中，太阳就是龙头，就是最强的事物。通过这个事物，我们可以思考很多东西。

  做投资，要有发散类比思维。《易经·系辞下》中有这样一句话："古者包牺氏之王天下也，仰则观象于天，俯则观法于地，观鸟兽之文，与地之宜，近取诸身，远取诸物，于是始作八卦，以通神明之德，以类万物之情。"在投资上，深度的思考离不开远取诸物，更离不开类比万物之情。世间的一切学问，往深处追求，都会有互相借鉴和共通之处。龙头战法，归根结底，就是对最强事物规律的总结。而太阳作为整个世间我们能接触到的最强事物，怎么可以不在我们的思考范围呢?

我为什么那么推崇龙头战法？就是因为我从世间各个领域的第一性事物的研究中发现，越是龙头的东西，越值得信赖。

股票的世界里，最大的奢侈就是确定性。怎么去寻找确定性？怎么能让我们信赖手中的股票？我发现答案往往不在股票本身，而在对所有事物的观察中。比如我观察到，世间什么事物最确定、最值得信赖？那就是太阳。大家仔细想想，太阳的规律是不是最"亘古不变"？它几点出来几点落下，它在什么季节会有什么变化，它在几点会给我们什么感觉，我们从来都没有发现异常。无论发生多么异常的天气，比如下多大的雨，天空乌云密布成什么样子，我们从来都不怀疑太阳一定会战胜它们，重来人间。太阳是最稳定、最有规律的事物，也最不会背叛我们。

在这种观察和思考中，我突然悟出一个道理：最强的事物，与最确定性的事物，二者是天然合二为一的。或者说，如果我们要求得最大的确定性，那就去最强的事物那里求。这个惊人的发现，不就正好可以解决投资世界里最大的难题——确定性吗？

带着这个发现，我又审视更多领域的第一性事物。比如，在一个单位，谁的位置是最稳定的？谁是最安全的存在？一把手，老板！一个单位员工经常换，高管也经常换，副总的流动性也很大，只有老板，一般不轻易换。不但如此，一旦单位出了问题，即使是老板的问题，但被逼辞职和背黑锅的，往往是其他人，老板安然无恙。而一旦有功劳，很多人第一时间把功劳归于领导。这个现象非常奇怪，但一点都不难理解，因为这跟中国自古以来就有的权力游戏一样。在一个王朝里，皇帝拥有至高无上的权力，一个人一旦当上皇帝，成为龙头，他就是最稳定的，其行为也最具有规律性，每天干些什么，每天的活动范围，每天的衣食住行，都不是随随便便的，君无戏言。而王朝里面，大臣们，哪怕贵为宰辅，也是说换就换，说杀就杀。做皇帝最稳定，当一把手最有规律。

龙头的确定性和规律性是最强的，龙头给人的安全性和稳定性，远远超过其他。这个规律是太阳赋予我们的，其他领域都在呼应。

龙头不但稳定，而且一旦斗争起来，又占据优势。

比如，在企业竞争领域，一个企业如果占据行业第一，那么这个企业就能够享受很多年的龙头红利。特别是在今天这个互联网和人工智能时代，管理的效率大幅提高，第一性的企业往往碾压一切。记得有人提出一个竞争规律，那就是：老二，非死不可。言下之意，做老大是最佳的生存策略。很多顶级大佬的投资哲学，包括巴菲特，虽然没有明确说自己是龙头策略，但他们选择的企业确实是第一性企业，暗合了龙头思维。有人说成长性高的企业才好，但出问题的也往往是打着成长性口号的企业。综合安全性、稳定性和收益性，第一性的企业依然是首选和最佳策略。一句话：龙头攻守合一。

在体育和艺术领域也是一样的。我们看到奥运会中，第一名和第二名往往就差那么一头发丝，但是一旦夺得第一名，冠军光环加持，其赛后可以获得的资源是第二名的若干倍，仅仅广告费就赢家通吃，更别提第三名第四五六名了。第一占据着人的心智，第一往往意味着它会跨越原有的领域，获得超额的东西。比如天下三大行书，提起第一名，哪怕是不懂得书法的人也都知道，那就是王羲之的《兰亭序》；

那么第二名的《祭侄季明文稿》和第三名的《黄州寒食帖》，知道的人就远远不如《兰亭序》多了，虽然它们分别出自大名鼎鼎的颜真卿和苏东坡之手，苏东坡在历史上的名气甚至还大过王羲之。艺术品的拍卖价格，第一和第二更是天壤之别。《兰亭序》传说在武则天墓中，如果说有一天武则天墓被打开，取出《兰亭序》，其拍卖价格应该是举世天价。第一性就是这样占据人们的内心，进而占据人们的资源。

历来，人们更容易给予第一性更大的关注，让第一性事物在竞争中获得远远超过它自身应得的收获。第一性，是一个让人越琢磨越细思极恐，进而细思极宠的东西。这个东西在股票投资领域，表现得就更加淋漓尽致。率先涨停的股票，比第二第三个涨停的股票拥有更多的关注；涨幅最大的股票不但不是最大风险的股票，相反，它可能是未来最能涨的股票。这一切，就是第一性。

所以，无论哪个领域，历来都对龙头极度重视。可以这样说，对龙头怎么重视都不为过，对第一性应该投入我们最大的注意力资源和行动力资源。在中医领域，任何一个大家开处方，首先重视的是君药，其次才是臣药和佐使。我们看中医开小柴胡汤，总是先写柴胡；开麻黄汤，总是先写麻黄；开乌梅丸，总是先写乌梅；开附子泻心汤，总是先写附子。因为君药是第一性的事物。外交领域更是如此，任何一个使臣，出使他国，无不想见到该国的国君。任何活动，如果君王能够亲临出席，该活动的规格就会被无限提高。任何名流，无不费尽心思想见君王元首一面，如果能合影一张，那将是终身的荣耀。古往今来，概莫如此。龙头天生就具有神圣的价值。大单位龙头，是国家元首，小单位龙头是一个单位一把手。我们在商业活动中，最好的谈判策略是直接找到一把手谈。如果一把手赞同某个合作，答应某个合同，那么其他负责人就形同摆设，单位的流程和程序也往往无比丝滑。龙头，就是这样超然于其他事物之上。这就是龙头的内在规律，在任何领域都一样。对这个龙头现象和龙头规律品得越深，内心越会对龙头产生信仰。

很多人看不明白龙头规律，不理解第一性的伟大魅力，经常咋咋呼呼地讨论龙头战法是否失效。龙头规律在任何领域都天然正确，怎么可能在股票领域突然不正确了呢？龙头战法的哲学基础植根于这个世界上所有第一性的事物中，植根于阳光的普照中，植根于帝王的权柄里，植根于商战的逻辑里，更植根于人们的心智里。占据第一性，天然就比后来者拥有更大的优势，而且这种优势的持续性和规律性，又超然而无可挑战。

正因如此，我才谈龙头信仰。我从第一性的事物中看到一种最强大的规律，这种规律就是龙头最稳定、最有确定性，且其在变化的时候，最能把老大的优势发挥到极致。对这种规律越心领神会，越能体会到龙头战法之妙不可言。

那为什么有人质疑龙头战法呢？很简单，因为他质疑的压根不是龙头战法，而是那些挂着龙头旗号的伪龙头战法。真正的龙头战法应该是拥抱第一性事物，拥抱最强大事物，天生与最好的公司为伍，与最强大的趋势为伍，与最具有赚钱效应的行情为伍，与最具有人气的价值股为伍，怎么可能失效？

那些质疑龙头战法的人，也许压根就没有明白龙头战法是怎么回事儿；而有些天天喊着龙头战法的人，也许他做的压根就不是真正的龙头类的股票。

本书的核心是倡导龙头股的信仰，这种信仰必须破执，破那些伪龙头认知之执。只有搞明白真正的龙头哲学、龙头股票，破执那些一知半解的龙头股认知，才能真正谈得上龙头战法，那种信仰才是真正的龙头股信仰，才是正信正念。

《大学》开篇第一句：大学之道，在明明德，在亲民，在止于至善。在明明德是什么意思？我比较认可一种解读，就是真正至高的道，应该首先进行价值选择，即先寻找价值，然后再用术去与它匹配。否则，如果没有价值选择，一开始就拥抱术，那术是不可穷尽的。

具体到龙头战法上，我认为今天A股中流行的那种龙头战法，不是龙头战法的正朔和本质，只是技术分析或者某种坐庄换个马甲的说法。真正正信正念的龙头战法，应该是先寻求价值归宿，然后再寻找具体的技术和战术去配得上它。而不是相反，先用技术分析，先看K线图，先去用指标，或者利用资金优势做个短庄，然后再去给它贴个龙头标签。

龙头战法的真正含义应该是，也只能是与其他所有领域的龙头逻辑一样，首先确定拥抱最强的事物，然后用术实现这种价值观。

举个最典型的例子，2017年10月，很多做龙头的人说市场上没有龙头股，真是大谬！当时贵州茅台正在引领白马股一路狂奔，茅台无论内在价值还是影响力，都是市场的绝对领导力量，这么明显的龙头摆在面前，居然说市场没有龙头。

真正的龙头战法，其核心是理解什么是最强，什么是第一性事物，什么是领涨，什么是价值，其末技才是K线、指标、形态，至于卡位、弱转强、分歧转一致，更是雕虫小技。

真正的龙头战法，应该贯穿 A 股、港股、美股，在任何一个市场上都能用，而不只在涨跌停板和 T+1 的 A 股上使用。真正的龙头战法，应该在期货市场能用，在艺术品投资市场能用，在收藏品投资市场上能用，在企业股权投资上能用，在一切博弈和斗争的领域都能用。如此，才是龙头的正道，才不枉"龙头"一词，也才配得上"信仰"一词。

试想，如果你以这种龙头价值观来看待股票，来投资第一性的股票，而不是从 K 线和形态的角度去看龙头，你还会去质疑龙头战法吗？

骨血论：大多数"核按钮"都是降低审美引起的

2022年8月12日盘中惊现一个"核按钮"，那就是文一科技，见图1-1。

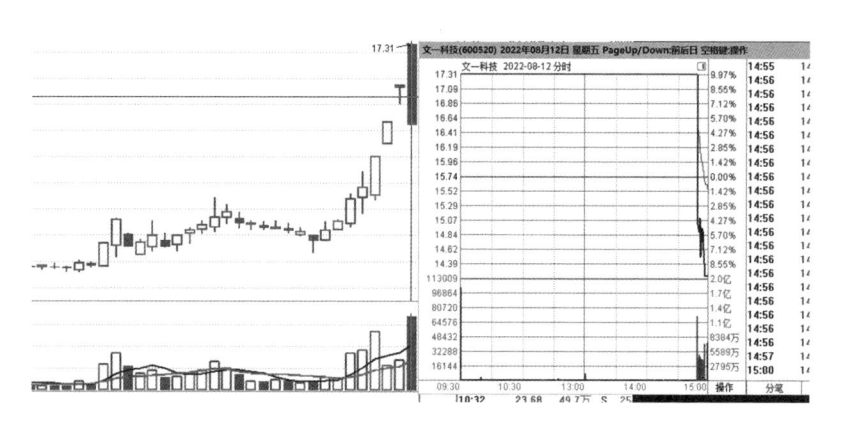

图1-1 文一科技分时图

对于这种"核按钮",大家可能都已经屡见不鲜,几乎每周都有,有段时间甚至每天都有。

比较剧烈的"核按钮",还有 2022 年 6 月 2 日的阳光乳业,见图 1-2。

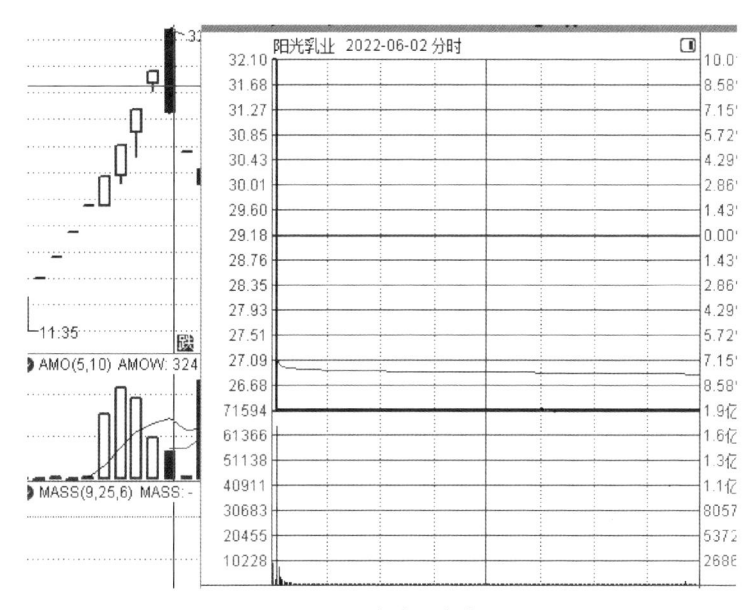

图 1-2 阳光乳业分时图

这是比较剧烈的"核按钮"。还有一种不是那么剧烈,但是也算"核按钮"吧,那就是 A 杀跌停式,见图 1-3 和图 1-4。

日出东方和日上集团,是 A 杀式。这种"核按钮"虽然不是从涨停板杀下来,但是,也比较恐怖,因为它有时候会连续跌停崩溃。

面对这种情况,我们如何避免?

要回答问题,就要问"核按钮"是怎么来的。

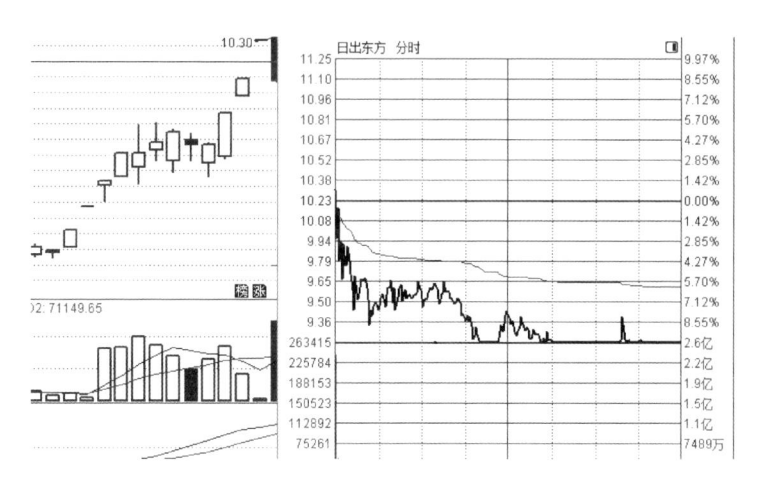

图 1-3 日出东方分时图

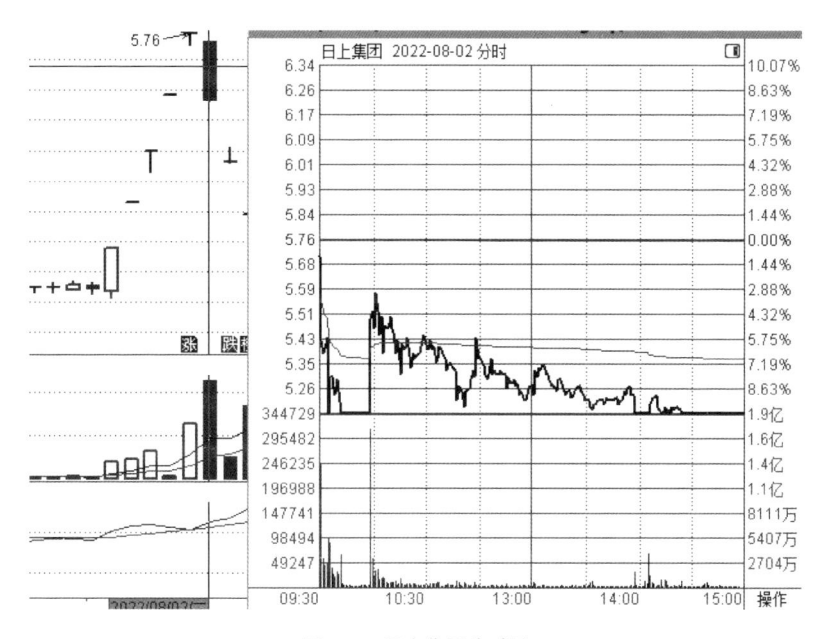

图 1-4 日上集团分时图

我的观点是,"核按钮"虽然由情绪突变引起,但这只是外因,不是内因。我认为,"核按钮"的内因是自己内心深处降低标准引起的。

降低什么标准？答：审美标准。

虽然不是所有"核按钮"都与审美有关,但大部分"核按钮"是与降低审美有关。

有人可能会说：这些股票很美呀！

我说的美,不是图形美。

诚然,这些股票涨起来确实很美,特别是盘口也"硬朗",甚至比一些龙头还"干净和爽朗"。

但我们谈的审美不是图形美,而是市场地位。

我说的降低审美,不是指图形和盘口的美,而是市场地位,是说降低龙头的认定标准,降低核心度。

一句话：降低品位。

没有在"英雄"上做文章,而是在"群雄"上做文章！

根据观察,我发现补涨股、套利股、模仿股最容易出现"核按钮"。而它们一个共同特点就是：长得像龙头,但不是龙头。

它们跟龙头一个巨大的审美和品位差异在于：龙头具有开天辟地性,有破局性,而补涨股则大多数具有跟风性、模仿性。

正是这一差异,导致了龙头与补涨的"骨血"完全不同。

龙头是野生的骨血,在很大程度上可以抵抗情绪的突然转凉,而补涨因为是温室的花朵,是人工栽培,一旦天气（情绪周期）骤变,则容易瞬间凋零。

凋零的极致,就是"核按钮"。

说到底,"核按钮"的背后,又何尝不是没有龙头骨血的股因承载不了别开天地的使命,一旦风云突变,在重压之下撂了挑子呢?

龙头品质：论大面的根源与龙头的纯粹性

市场只要不好，很多股就开始大面。

而今天只是开始，明天竞价可能继续面。比如瑞泰科技，见图1-5。

图 1-5　瑞泰科技分时图

推而广之，大面更多，我们看看下面的分时图，如图 1-6 所示。

图 1-6　众多核按钮分时图

再看看 K 线图，更是惨不忍睹。如图 1-7 所示。

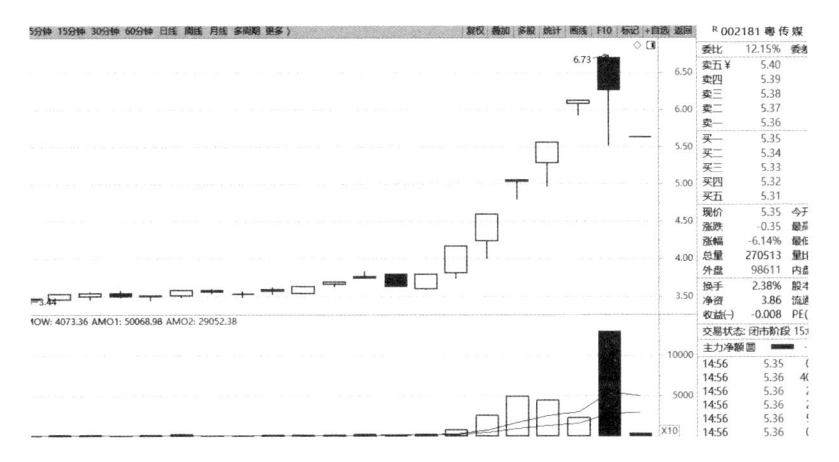

图 1-7（1） 粤传媒走势图

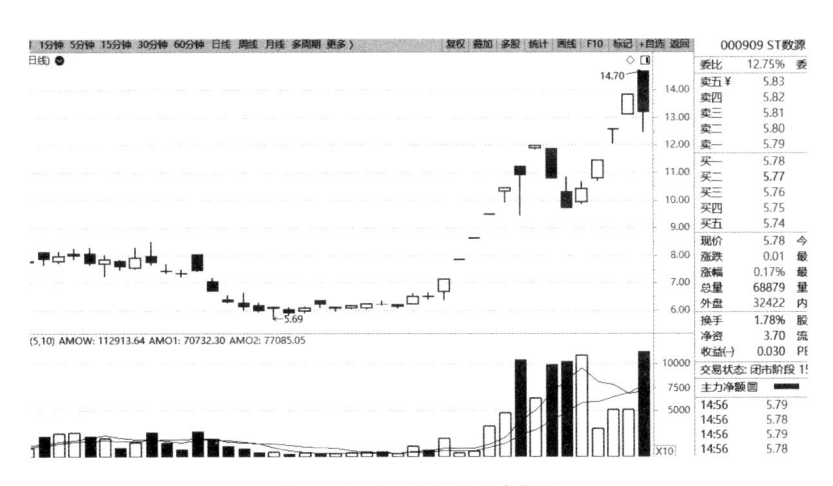

图 1-7（2） 数源科技走势图

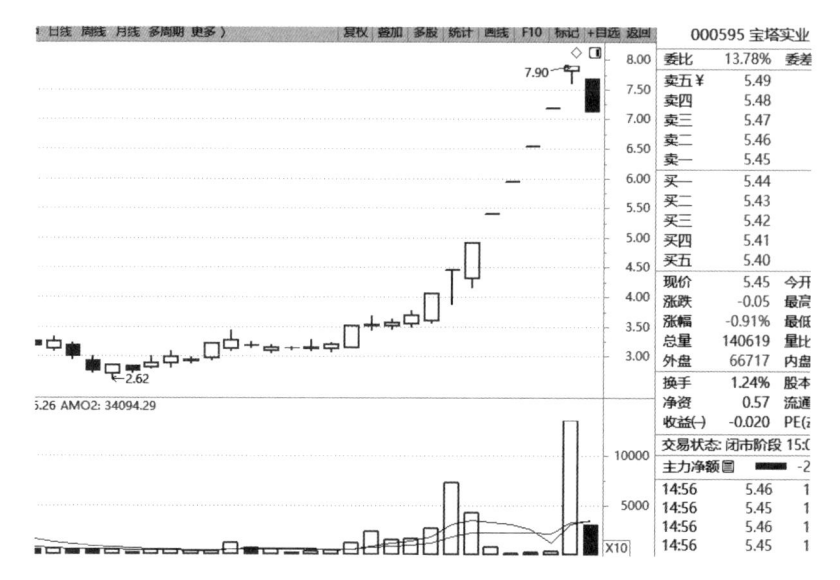

图1-7（3） 宝塔实业走势图

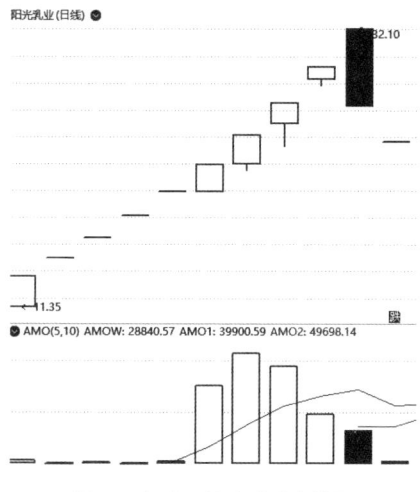

图1-7（4） 阳光乳业走势图

这就涉及一个问题，为什么大面？

我们能不能找到其根源？

窃以为，大面的根源有两点，或者说，大面都喜欢从两个地方来：一为退潮的时间窗口，二为后排跟风。相比前者，我觉得后者更不可"饶恕"。

因为，如果是退潮问题，我们还可以狡辩、可以找借口，比如就说情绪把握起来不准，涨潮退潮飘忽不定，等等。但如果我们是因为买了后排跟风而被核，几乎不能进行任何狡辩，因为我们知道，后排问题没有讨论的余地。

后排就是后排，清清楚楚，无论它的K线走势和分时图再猛，它依然是后排。只要我们不眼红，戒除后排问题还是比较容易的。

如果明明知道谁是龙头，明明看得清清楚楚谁是后排，非要侥幸去做后排，这就更不可原谅。

因为，这涉及品位问题。

什么是品位？就是内心深处有没有龙头信仰，有没有纯粹性。

按照龙头战法的原教旨要求，龙头选手不应该过于关心补涨、跟风和后排，并不是这些东西不能去研究，而是，如果你是龙头选手，你研究后排那么深入干吗？

有些朋友，总以为学得越多越好，除了总结龙头战法，又研究一套补涨战法、跟风战法、后排战法、几进几战法（诸如一进二、二进三、三进四等，这其实是用战术和模型取代龙头理解力）等等。我就曾跟一个朋友说，这些问题我不去研究，因为我只要研究，就会有"成果"，只要有"成果"，就会去试，只要试，就会冲淡龙头的纯粹性。

你掌握的越多，会的越多，也就意味着你"关照"的越多。大面的概率，也一定就会越多。

后排，我根本不去研究，没有研究就没有买卖，没有买卖就没有伤害。

本文开始那些案例，虽然有时间退潮的原因，但它们有一个共同的身份就是都是跟风，都是群雄。

跟风也许今天"核按钮"，也许明天，关键不在于哪一天，而是它的结局一定会是"核按钮"。至于哪一天，具有偶然性，但其非"寿终正寝"性，几乎是必然性。

因为这是跟风的宿命。

而龙头，并非一定不"核按钮"，但其概率小很多，其信号明确很多。怎么理解？

- 龙头见顶，大多数会来回磨叽下，直接核的，往往概率没有那么大。
- 即使核，也往往是别人核多了，示范效应多了，它被逼无奈。在此种情况下，龙头的核，我们有足够的时间准备，有足够的信号提醒。

而做跟风的后排，我们哪里有这个福气？

所以，做龙头，不仅仅是进攻的需要，很多时候也是安全的需要，是防守的需要，是撤退的需要。

其实，大面还有一种根源，也是最大的根源：二者叠加，做后排且在退潮窗口。

既是后排，又在退潮窗口做，这种就更不可能饶恕了。龙头都不敢在退潮窗口去做，何况跟风呢?

总结下上面的思想：大面的根源在于，要么是后排，要么是退潮窗口。

其实，这样总结，还是逻辑和现象层面，而不是最根本层面的。

我认为最根本的层面在于一个人的内心，在于品质。

什么品质? 就是龙头品质。

龙头品质是什么? 答：

  纯粹而不将就。

  宁愿直中取，不愿曲中求。

  宁愿进攻中去冒险做英雄，不愿后撤中去苟且做群雄。

不要轻易认龙头，除非一眼万年

八万四千法门，每一法门都可以修成正果。

股票也是，趋势投资、主题投资、量化投资跟龙头战法一样，都是一种投资流派，每一派修成者，都可以稳定盈利。

但因为龙头一词听起来高大上，所以，本来很多做其他投资的，都喜欢给自己贴个响亮的龙头二字。这种现象，我在四年之前写的《龙头信仰》一书中就有详细论述。

比如，明明是庄股，是坐庄的，非要说自己是龙头；明明是做补涨的，也说自己是龙头；明明是潜伏套利的，也说自己是龙头；明明是小作文的，也说自己是龙头。龙头名字香，传播大，引来天下各投资流派竞折腰。

为什么别人那么喜欢说自己是龙头战法，自己做的股是龙头呢？除了龙头的名字好听之外，还有一个秘密：那就是利用龙头假设和默认来出货和引诱接盘。

提起龙头，会给大家以下默认、假设：

（1）不怕高，可以一直追，消除人追高的心理障碍。

（2）让人联想起特力A、贵州燃气、东方通信，给人一个远大宏图的联想。

（3）继续接力，继续买，因为龙头的本质就是接力战法。

（4）壮胆，号召别人进来。

（5）格局，震荡和洗盘暂时不用卖，因为是龙头嘛。

当然，如果是真龙头，是总龙头，以上假设和默认都成立。但是如果是补涨，是小作文股，是潜伏股，是产业链股，以上5个假设和默认会要你的命。

问题是，如果你真的是龙头选手，如果是真的龙头股，以上五点没有毛病；但是如果你不是龙头选手，而是伪装成龙头的股，那么这五个假设可是让你吃不了兜着走。

所以，我反复说，为了避免把非龙头当成龙头，必须提高龙头的审美，不能让别人喊着龙头口号就把龙头选手搞进去了。

或者，至少要明白，你做的到底是龙头还是其他股。如果是龙头，就按照龙头的默认。如果不是龙头，就明明白白地告诉自己，这不是龙头，只是套利。

所以，我提倡龙头，并非说只有龙头能挣钱，而是说，如果你要做龙头，就必须做真龙头，如果你不确定，就不要把龙头这个词随便冠在某个股上。

因为龙头一经定义某个股,就说明,你已经给它一系列默认和假设。

正因如此,我们要提高龙头审美,不随便认龙头。

除非,找到那种一眼万年的感觉。

谁是龙头

谁是龙头（一）：整体观

在一个游资群，我跟几个朋友交流龙头。

交流瞬间，迸发出一种灵感，一气呵成分享我对龙头的看法。这段话比较精练，我觉得比编辑成长文更好，于是就决定直接分享出来。原文如下：

- 有的股一开始就与众不同，嘴里含着金钥匙出生，为什么还要比来比去。龙头的识别和定义，不是比照片，而是比本质。
- 很多龙头战法选手就是喜欢研究卡位、晋级。其实本质上，他们是喜欢研究分时图，通过分时图来定义和判断龙头。这个方法非常不好。
- 龙头的定义是整体气势，而不是某一天甚至某几天，谁比谁涨得快，谁比谁分时图如何。我希望大家能够从根本上重新看龙头。

摆脱从分时图和细枝末节上思考龙头的习惯，要从整体上思考龙头。

谁是龙头（二）：九安医疗篇

大概是在 2021 年 12 月 10 日，我在中国南部的某一个城市，跟几个高手在一起围绕一个问题进行交流。核心内容是关于九安医疗的地位和定性问题。

我的观点：九安医疗是龙头。

某方的观点：九安医疗是补涨。

那个时候，九安医疗第二波还没有出来，它的总龙头地位没有确立，我们争论的是它的第一波的性质。

某方之所以认为九安医疗是补涨，其理论是：它在拓新药业后面。是拓新药业为医药打开了空间，所以九安医疗就是拓新的补涨。

我听了当时就不同意，立即反驳：如果没有拓新药业，难道就没有九安医疗吗？九安医疗不是任何人的补涨，它有自己的独立逻辑。

补涨有一个基本逻辑，那就是如果没有前面领涨和开路的那个股，它就不可能产生。因为是"补"嘛，后补、替补、补充、看齐、模仿……"补"就说明你有补的对象。

既然如此，那么我们就可以用反证法：补涨一定是对着某某股去的，如果没有某某股，就没有它，则它是补涨。

那么很简单，如果没有拓新药业，难道九安医疗就不会这样涨吗？

显然不是。

九安医疗上涨的最核心驱动力是它的检测产品卖到美国，它有自身独立的逻辑驱动，它不是因为任何外界其他股才上涨。

但我这个思路遭到其他几个人的反对。

他们的观点是，从情绪周期上来看，从时间先后来看，是拓新药业打开整个医药赛道的空间，然后九安医疗去模仿拓新。

呜——

怎么有这种想法？

如果按照这种逻辑，难道成吉思汗是完颜阿骨打的补涨吗？难道朱元璋是赵构的补涨？

同样，我的想法对他们来说，也觉得这个人怎么会这样想。

也许你会说，事后走势证明，我是对的，九安医疗最终成为最大的龙。

不，不，我不这样想。

有个哲学家提出一个问题，说阿喀琉斯追不上乌龟。另外一个哲学家的弟子辩驳道："我走两步看看能不能追上乌龟不就知道了？"这个弟子遭到他师父的批评。他师父说："理论问题，就要从理论上去辩驳。你拿事实算什么？只能证明你没有理论武器。"

所以，我不希望从最后的"事实上"来事后说明对错，而是搞清楚认知的根本逻辑。

我和他们的分野在于，我认为龙头的定义核心点在于内因，他们认为龙头的定义核心点在于外因。

我侧重于从基本面和本质对龙头进行认知，他们侧重于从时间层面和情绪关系上对龙头进行认知。

应该说，我们是从不同的维度看世界。

我的维度，我习惯称之为原教旨维度。当然，我并不是说别人的维度不对。事实上，不同的维度，可以互相补充。我也经常用外因角度看龙头，我也会采用情绪周期，但物有本末，我定龙的本是内因。

谁是龙头（三）：长跑与短跑

同样是跑步，如果决定长途跋涉，绝对不会在出发的时候就把劲儿使完。但如果一开始就确定是短跑，肯定会用尽全力。

股票也是如此。哪怕是短线，也有"长短"再细分。有的短线就是隔夜，今天买明天卖。有的短线是一波流，趁着情绪，能打多高打多高，但是只要情绪松了，多一毫米都不打，立即出光货。

前者被称为隔日套利，很多打板套利派属于这种；后者被称为过把瘾，一波流。它们有个致命的缺点，就是 A 杀。

除了这两种之外，短线还有一种模式——龙头接力。

这种模式比长线短，但比前两种长。

对于龙头选手来说，选定股票时，就"已经很高"了，不高怎么证明龙头的"领涨"和"地位"？龙头选手为什么还要去选它呢？

因为它还可以更高，甚至好戏才开始。比如小康、九安医疗、顺控发展、竞业达，都是这样的。

从这里我们就可以看到，龙头其实是相对长跑。

既然是相对长跑，那么好的龙头品种往往是那种一开始没有把劲儿用光的股票。包括利好释放，包括分时情绪，都没有用光。

那种一开始就拼命跑的，从来不注意节奏，往往不是龙头，因为它的目标不是远，而是快。

为什么写这个角度? 因为很多人经常把龙头和最强盘口的股混为一谈。特别是一些软件和安装程序，上面有功能自动贴标签，把××贴为龙一，××是龙二，其实它们特别在乎日内盘口。

而最大的误区就在这里，龙头不是从日内盘口上去定义，而是从多日盘口的总和去定义。

这个维度对于我们认识龙头很有帮助。

凡是在乎短跑的，未必是龙头选手的最爱，虽然其他选手很爱。在乎长跑气质，才是龙头选手的最爱。

把劲儿留着，把别人拖垮了再去冲刺，才是龙头该有的样子。懂得这个道理，就会更加彻底懂得龙头的分时，为什么看着很慢，但是走起来很稳。

靡不有初，鲜克有终。

是也!

谁是龙头（四）：破局者即是龙头

古代很多鼎鼎大名的人物，都出自一个地方，有的甚至是同一个县乃至一个村的。

比如刘邦的队伍中，大多数都出自沛县。

萧何：开国丞相，沛县人；
曹参：名将名相，沛县人；
夏侯婴：名将，沛县人；
周勃：名将，沛县人；
樊哙：名将，沛县人。

他们都是乡里乡亲，做着很基层的工作，有的甚至是卖狗肉出身的。但后来，就是沛县这个小地方走出来的人，打下了大汉江山。

还有一个例子，是朱元璋的淮西集团。徐达、常遇春、汤河等人都是朱元璋的玩伴。他们小时候，也都是很不起眼的乡下小孩。

难道这些地方都是人杰地灵吗？

非也。

我们可以换个角度想。历朝历代中，有能力的人大有人在，但这些有能力的人被开发出来的不到10%，只是冰山一角。人的绝大多数能力在冰山下面沉寂着，没有被开发出来。

如果你仔细观察，就会发现，无论多么基层的地方，都有很多有本事的人，哪怕是一个村、一个街道、一个生产小组、一个工厂或者一个施工大队，你都会见到几个什么事情都能办得特漂亮的人。但这些人呢，缺少一个带领者，缺少一个破局的伯乐，缺少一个能跳出局面把大家放在一个可以历练的大平台上的人。

其实，人的很多能力都是历练出来的，只要你在那个位置，天天琢磨那个事情，你就会增长那方面的能力。位置决定脑袋，你坐在哪里，你就天天想哪里的事情，慢慢地就做出成绩来了。所以说，如果真的有这么一个破局的人在，古代王朝一朝的文武百官，一个县就能配齐。

这就是一人得道鸡犬升天，一个地方只要有一个天纵英才的人物，就会带出来一批成功者。

关键是，你身边有这么一个天纵英才能破局的人物吗？

关于龙头，众说纷纭。无数次有人问我：我知道龙头战法好，但你告诉我怎么去找龙头？

我能怎么告诉他？有时候我用十几页的纸来写（见《龙头信仰》中

关于龙头的定义），他依然不知道。

于是我就想，能不能用故事、用场景、用历史来表达？

龙头是什么？就是上文中能破局的人，就是天纵英才的人物。因为他的存在，一帮屠狗辈能够青史留名。

股市中的龙头也是如此，凡是能够破局的股票，就是龙头！因为它的存在，一个板块都能鸡犬升天。

龙头就是一种存在。

一种破局者姿态的存在！

注

本文受历史启发来谈龙头，算是换个特殊的角度看吧，当然，这种角度并非真理，而是一种启发式的类比式的认知。

其实很多领域都包含一些龙头哲学。我小时候在一个村子长大，也确实觉得我们村有很多能把事情办得很漂亮的人。但是，我们村之所以没有产生很多企业家和大人物，我确实觉得缺少更能"破局的人"来带领，如果任正非、王传福或者曹德旺是我们村的，我相信我们那里很多把事情办得漂亮的人中，有很多会成为企业家和职业经理人。而如果王阳明或曾国藩是我们村的，我们那里能把事情办漂亮的人，则可能青史留名。其实，离我们不远的一个村就有这样的故事，那是一个将军村。

有语云，火车跑得快，全靠车头带。

车头，就是龙头。

而人的群落中起带动作用的，就是龙头！

希望看完本文的人，对龙头的理解，增加一个境界。

谁是龙头（五）：绕不过去的存在

龙头是一种存在。

这种存在是什么样的呢？我给大家讲个武林故事。

民国武林之中，高手辈出，有这么一个人，但凡圈内高手聚会，或私下闲聊，无论大家聊什么话题，聊到最后总会把话题落到他身上。或者是谁跟他切磋过，或者是谁把他逼到平手，或者是谁知道他最近又练成什么功夫，甚至谁谁谁在哪里见过他一面，都觉得是特别有面子的事儿。

这个人就是孙禄堂。

孙禄堂在当时武林圈就是这样一种存在，但凡聊到武林，必谈及此人。这种存在就证明他是龙头。

前段时间看《雪中悍刀行》，也有这么一个人物，只要谈到谁的武功高，大家总喜欢把他跟王仙芝比。只要谁吹牛，大家也喜欢问他如不如王仙芝。无论谁谈论武功，最后都喜欢拿王仙芝说事。那么王仙芝就是当时武林当之无愧的龙头。

孙禄堂、王仙芝，就是这样一种存在，这种存在，就是龙头现象。

在股票圈，特别是龙头战法的圈子里，我们给这种存在起个专业词汇，叫"绕不过去"。

什么叫绕不过去？就是只要沿某个赛道和题材方向前进，总有一个股，大家集体重视。那么这个股的存在，也就是龙头现象。

只要这个赛道里还有一个股，大家总喜欢去问：它比那谁谁谁如何？它是那谁谁谁的补涨还是对标？如果那谁谁谁怎么了，它会如何？

那么，那谁谁谁，就是所有人心中第一性的存在，这种存在，就成为其他股的尺度和参考，也成为其他股难以逾越和忽视的高峰。

这种存在，就是龙头的存在，也就是龙头的现象。

如果这种说法大家无法理解，我们用最近的一个例子做说明，再恰当不过。这个例子就是谷爱凌！

只要在今天谈到奥运和体育，无论谁来谈，无论在哪个圈子里谈，无论一开始从哪里谈，无论中间谈些什么内容，最后谈着谈着总会把话题往谷爱凌身上落，可以说谷爱凌就是今天体育界一种龙头般的存在。

明白这点，大家就应该明白我以前给龙头下过一个定义。

什么是龙头？答：

龙头就在口口相传之中；

龙头就在众目关注之下；

龙头就在大摇大摆之畔；

龙头就在街谈巷议之间；

龙头就是人中龙凤，龙头就是鹤立鸡群！

龙头就是天下第一，龙头就是艳压群芳！

如果有一个股票，或者有一个公司，也具有这种特质，那么它就是龙头！

谁是龙头（六）：区分龙头与非龙头的小窍门

我们常常说要做龙头，尽量不要做补涨和跟风，那有没有一种好的区分方法呢？

当然有。

其实我曾用人文笔法讲龙头的定义，比如说，龙头是英雄，非龙头是群雄。

很多人估计听着不够切肤，那么今天我用一个窍门来帮大家区别。

说是窍门，事实上也是一种观念和思想：

> 凡是开拓资金做的股票，往往是龙头。
> 凡是踏空资金做的股票，往往是非龙头。

什么意思？所谓开拓资金，就是敢于引领和尝试的资金，就是勇敢的资金。所谓踏空资金，就是失去龙头但是不想错过行情，于是另起炉灶、自己制造补涨和跟风股的资金。我这样说很容易，其实理解起来并不容易。当然，这个说法并非严格的定义，而是一种性质上的认识。

　　如果能深刻地认识到踏空资金的属性，我们一般就可以回避跟踏空资金同车。踏空资金既然踏空了，它再发动股票，其性质和地位就跟领涨的龙头大不一样，其面对波动的心性也不一样。

　　可以说，踏空资金和引领资金完全是两个秉性。

　　从这种秉性上，可以很好地区分龙头与非龙头。

谁是龙头（七）：核心度

我第一次被龙头股震撼到，是看到一个叫海虹控股的股票，该股现在已经改名为国新健康。当时是炒互联网，它因触网概念被爆炒。我们来看看它的气质，如图 2-1 所示。

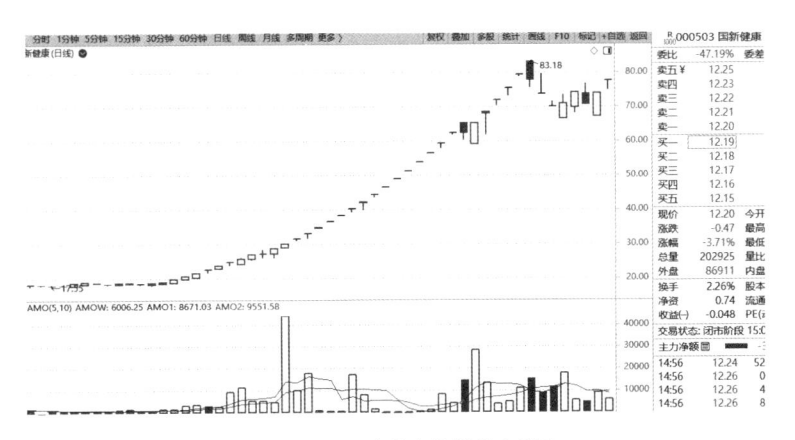

图 2-1　2000 年海虹控股的走势图

该股已经无法用文字来形容。

后来，又被一系列类似的股震撼，见图 2-2 到图 2-7。

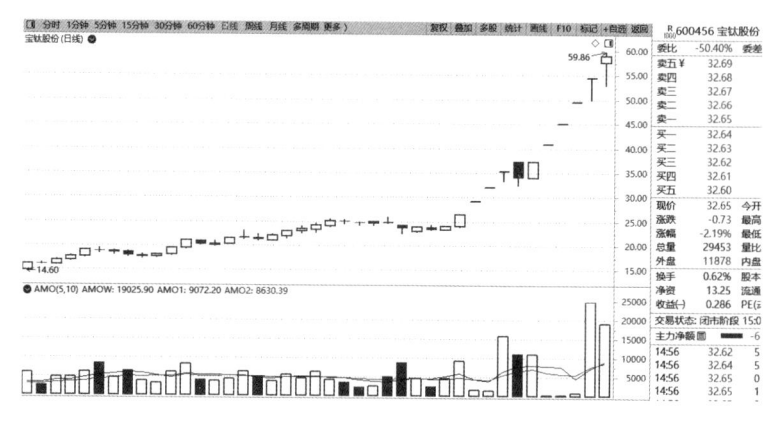

图 2-2 宝钛股份走势图

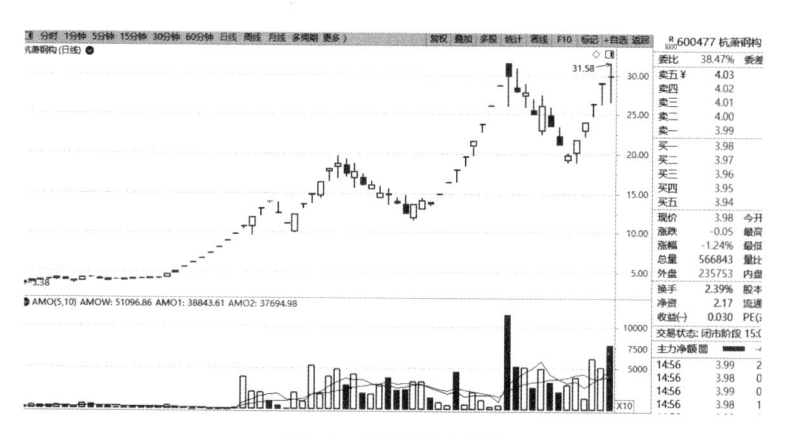

图 2-3 杭萧钢构走势图

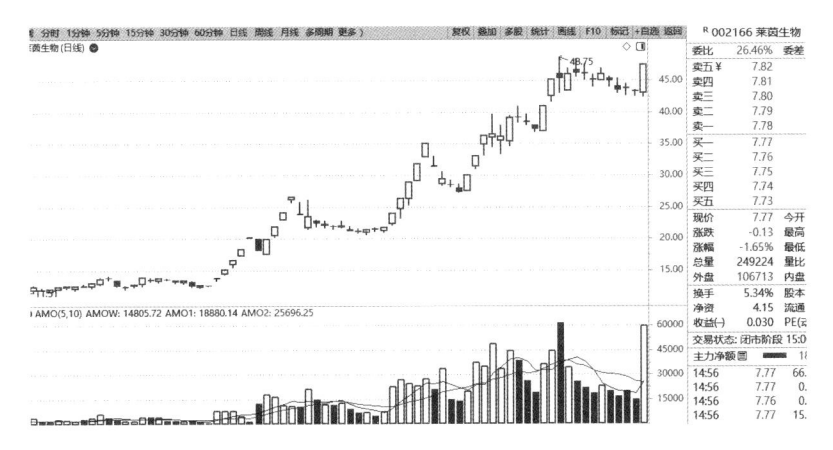

图 2-4 莱茵生物走势图

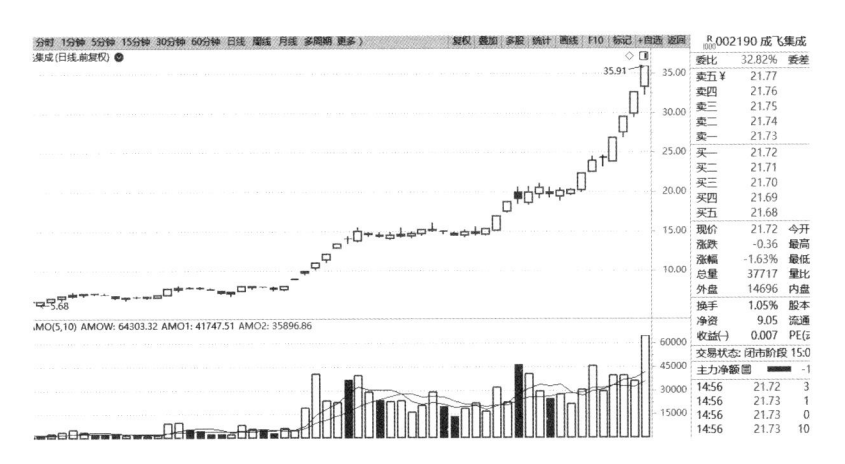

图 2-5 成飞集成走势图

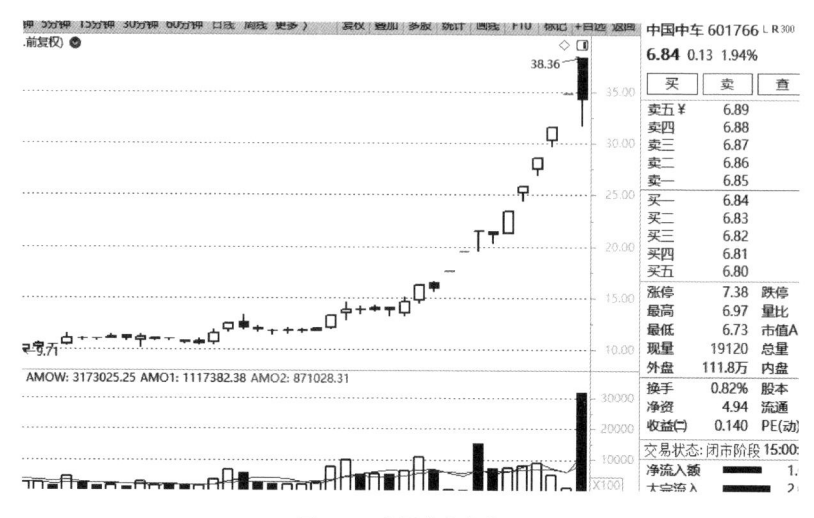

图 2-6 中国中车走势图

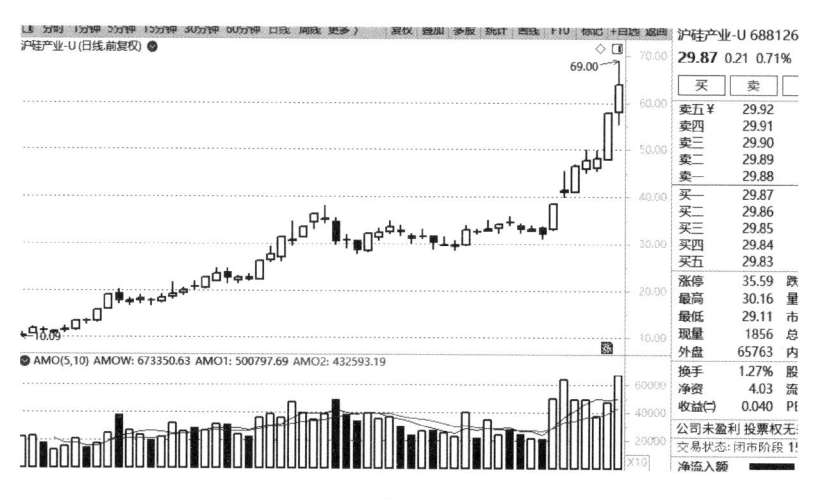

图 2-7 沪硅产业走势图

我把具有图中所显示出的神韵的股票统称龙头股。它们有的久远，比如宝钛股份、杭萧钢构、莱茵生物、成飞集成；有的很近，比如中国中车、沪硅产业。

在 A 股的一些朋友中，我算是比较早采用龙头战法的人，也是很早研究和公开研究成果的人。

最开始，我和我早期用龙头战法的朋友，虽然定龙方式有差异，但都没有把身段定龙放在第一位。后来不知从什么时候开始，身段定龙成了主流。

所谓身段定龙，就是某个题材起来，突然发现某个股高一个板、提前一天涨停，就将其定义为龙头，其他皆为跟风和杂毛。

这种身段定龙在 2018 年和 2019 年大行其道。但这种定龙方法的效力越来越递减。

请看最近的例子。金融股在北交所的过程中作为一个细分赛道，慢慢发酵，但无论金融股反抽还是回暖，都不理会金融的身段股中天金融。

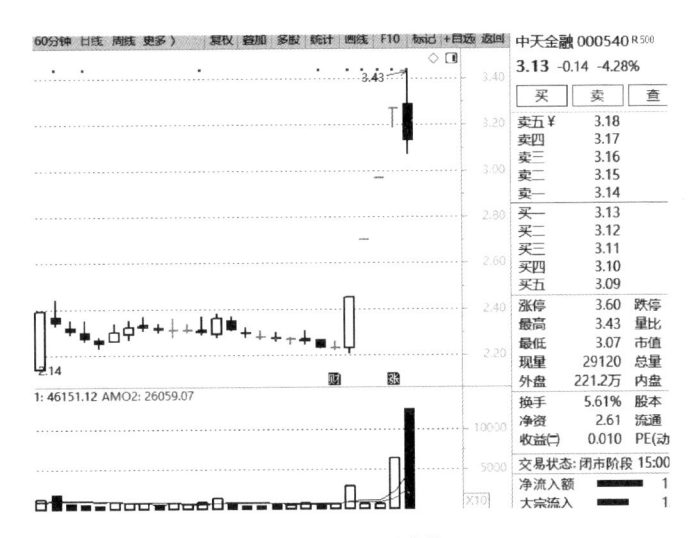

图 2-8　中天金融走势图

而券商内部也是的,并不是说第一创业(见图 2-9)在北交所消息公布之前提前一个身段涨停,市场就 100% 认可它是龙一,另起炉灶的现象太多了。

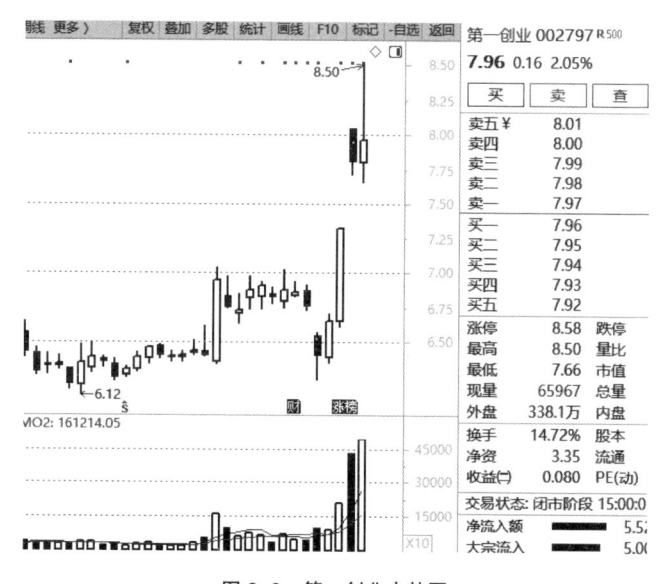

图 2-9 第一创业走势图

新能源也是,太阳能的北京科锐(见图 2-10)身段最高,又如何?

这种现象已经有很长一段日子了。去年炒稀土的时候,就已经不认身段优势了。作为稀土身段股的宇晶股份的核按钮,与作为稀土核心股的盛和资源的主升浪,可以同时存在。

如果认真统计,细细去找,还能发现很多。

这种现象叫身段优势背叛,或者身段定龙的效率递减。

很多习惯身段优势定龙的人,特别是保留着身段卡位思维方式的人，可能对这种现象一时无法接受。

图 2-10 北京科锐走势图

毕竟，这种定龙思维被某些论坛和公众号宣传了很久，几乎就把身段当成龙头的代名词了，甚至成了龙头战法的主流价值观和"共识"。

但事实就是事实，越来越多的案例和数据证明，身段定龙的市场越来越小，认可身段为龙头的人越来越少，身段的优势也越来越少。

当遇到这种问题，我不知道大家怎么去思考、怎么去解释。

在我的世界观里，我认为身段定龙是龙头战法的极大误会和一段弯路。

我接触到早期的龙头战法者，甚至我们读书读到的那些善于做龙头的人，回看他们定龙的案例，几乎都没有把身段优势放在最高位置。

本文前面的一些龙头股的案例，比如海虹控股、杭萧钢构、莱茵生物、中国中车、成飞集成，甚至前几年的特力 A、四川双马、三江购物等等，都不是身段定龙的典范。虽然，身段优势在某些情况下会起作用，但核心维度绝不是身段。

我早年也喜欢看一些超级大佬关于龙头的论述，他们的价值观和起心动念，也不是把身段放在第一位，有的甚至没有身段概念。如果你恰巧读出身段，也许是巧合，就像你从《红楼梦》里也能读出性启蒙一样。

身段概念的提出以及身段定龙的产生，并非完全没有意义，它让我们多一个维度认知龙头，也为龙头打开一个新的识别符号。但把它推到定龙至高无上的地位，甚至把身段当成龙头的绝对思维，不得不说是龙头战法的一段弯路。

这种弯路的始作俑者今天已无从知晓，也许是真的出于自己的认知和股市世界观。但必须强调，这种认知后来被一些坐庄收割的人利用，被吹票让人接盘的人利用，被套利引导者利用，最后越来越偏离龙头本身。

还好，历史是个长河，终归流向正朔。

龙头战法的身段优势，慢慢地被另外一个更为本质的优势取代，这个本质的优势是什么呢？

答：核心度。

什么是核心度？

就是赛道和题材的正宗性，可炒作因素的正统性，有时候还包括长庄资金介入的深度性。

核心度不再以谁比谁提前一天涨停为窠臼，而是追求某个赛道来临时，可打的牌的多寡性，特别是基本面的受益性。

也可以理解为，身段只是外形，而核心度是本质。

现在的定龙方式，正在从外形崇拜，走向本质崇拜。

这种转变，也是真正龙头正法的回归，这种龙头战法，我称之为原教旨主义龙头战法。

- 其追求的不再是什么某一天的卡位和领先，而是追求整体的势大力沉和浩浩荡荡。
- 其追求的也不再仅仅是连板和涨停时间，而是扩大到基本面的受益程度和长庄的资金深度。

其实，这种变化与其说是变化，不如说是回归龙头的初心。我最初爱上的那些龙头，无论是海航控股还是中国中车，无论是杭萧钢构还是成飞集成，都不是以身段来定义龙头的起心动念，而是以其精神和本质。

不仅仅是股市，社会也是如此，历史也是如此。不能因为某某人最先起义，他就一定能当帝王。也不能因为某某人最先进入组织，他就是最终的领袖。

龙头，人中龙凤是也。

时间优先因素虽然有一定作用，但最本质上，还须天命所归。

这里的天命，不是顺境中能够卡位和坐享其成，而是逆境中能力挽狂澜、带领队伍找到方向；而是骨子里智慧无双、勇气无数，鼓舞着大家前行！

谁是龙头（八）：风动、幡动、心动

《六祖坛经》载，惠能一日思惟，时当弘法，不可终遁，遂出至广州法性寺，值印宗法师讲《涅槃经》。时，有风吹幡动，一僧曰风动。一僧曰幡动。议论不已。

惠能进曰："不是风动，不是幡动，仁者心动。"一众骇然。

风动幡动是客观世界，心动是主观世界。惠能乃一代宗师，观照主观之心实乃修心证佛，明心见性！然，活在现实世界的芸芸众生，如果要经营现实世界，必须究竟客观世界之逻辑。

这就启发了我对龙头股的思考。

龙头可以分为两种，一种是客观之龙头，一种是主观之龙头。何谓客观之龙头？就是要有风动、幡动的引子。

很多人看龙头，仅仅看外衣，就是K线图能否出现连板、能否晋级和卡位、能否持续上涨。其实，龙头的真谛应该看其本，所谓的本，就是什么原因让它连板、让它晋级和卡位。

如果有一种确确切切的原因，且这种原因能够用计算机计算出具体的业绩，那么它所引起的龙头，我称为客观龙头。

比如：它的产品在涨价，它的销量在增加，产业供不应求，订单和用户量在增加，主营业务出现困境反转，合同和大单在增加，等等。

还有一种龙头，你压根就找不到原因，如果非要说原因，只能说在"心里"。就是山还是山，水还是水，甚至风还是那个风，但是炒家的内心世界起波澜，一时兴起觉得这个公司的"理解"和"认知"需要重新来一下，于是把某个赛道或某个股爆炒。这种情况下，也能产生龙头，这种龙头我称为主观龙头。

简言之：客观龙头就是"风动""幡动"，主观龙头就是心动。

如果是修佛修心，肯定心动胜过风幡之动，所谓破山中贼易，破心中贼难。但投资的世界不可一概而论。

其实，龙头诞生的温床，一直在客观和主观之间交替轮换。有时候，客观诱因的龙头多，而另外一些时候，主观龙头的诱因多；有时候客观龙头涨势凶猛，有时候主观龙头涨势凶猛。

很多人天然以为，客观龙头代表现实世界的巨大变化，其龙头更有现实投射，所以应该更猛。

其实未必。很多天马行空的龙头，往往是主观龙头，比如东方通信就是主观龙头，特力A也是。2021年最风光无限的顺控发展，就是主观龙头，前段时间的华菱线缆也是主观龙头。

主观龙头由"心"而发，由于不受约束，往往具有一定的魔性。

但，主观龙头有个最大的问题，那就是来无踪去无影。既然由心而发，那么心在何处？如何猜测背后主力之心？

主观龙头的参与性和仓位的狠劲都不好拿捏。

正因如此，主观龙头的数量和拥趸逐渐减少，与之相反，客观龙头的数量、级别和群众基础越来越多、越来越坚实。

由于客观龙头建立在现实世界的物质变化的基础上，它的温床有运动轨迹，它的逻辑有经济学基础，容易被稍微具有学历的人理解和接受，所以今天越来越多。而主观龙头往往是天马行空，只有天才炒家和骨灰级的股神能够驾驭，所以曲高和寡，少了下来。

这就是最近龙头生态的最大变化。

前几天有朋友问我，为什么空间板的龙头越来越少？而爱康科技、合盛硅业、北方稀土这样类型的龙头越来越多？

很多人以为是外形的转变，就是不走连板了，走趋势。

这种解释并非本质。本质是大家更喜欢追逐客观龙头，而不再热衷于彼此造"主观"。你是什么样的理解力并不重要，重要的是客观世界正在发生什么变化，而这种变化带来的龙头才具有最大公约数和安全感。

那主观龙头会消失吗？肯定不会。一旦客观世界找不到那么多变化，主观世界之"心"又会蠢蠢欲动起来。

这是个轮回。

轮回之中，资金最先观照现实世界的冲击和刺激；冲击和刺激消停之后，岁月静好之下，才会主观造妖。

但喧闹之下，各种涨价潮、各种产业驱动、各种色彩斑驳鲜衣怒马屡见不鲜,资金不需要开动主观,只需要跟随客观的变动,就已经炒不过来,何须主观再造一个龙头?

更何况,主观龙头也确实越来越没有客观龙头的大气、厚实和承载力。若没有"风动""幡动",也就是没有讨论。连讨论都没有了,何来心动?

即使有心动,那也是个人世界。而投资聚焦的是集体世界,它不在乎某个人的修为和心性,而是大多数凡夫俗子集体的生活下正在发生的变迁。

所以,道不远人,股不远人。

谁是龙头（九）：初因与本性

我们经常看到这种啼笑皆非的事情：

某个股明明是炒A属性，炒着炒着，不知道是何方"神秘力量"硬生生地给它贴上B标签，蹭上B的概念和热点。不但蹭上B的概念，而且还要去当B这个概念的龙头。

你觉得有这么简单的事情吗？

每当这个时候，我就会想：这是何方神圣"嫁接"的？明明白白是炒A，为什么被人修改为炒B，那么多高智商、高学历的人还愿意相信？小产权房改成别墅的标语，难道就成别墅了？这么一修改和嫁接，难道就构成新的买入理由了？

很多东西，如果放在现实世界，一眼就能看出荒诞，但一放在股市里，就堂而皇之成了正剧。

但市场终究不会为这种荒诞买单。每当一个炒作的股票需要修改或者蹭属性才能继续炒下去的时候，几乎都容易变成闹剧。

比如，曾经有个股票，其炒作的根本动因是锂矿，但后来摇身一变硬要说自己是房地产龙头。结果呢？当锂矿炒不下去的时候，房地产也不会认它。

再比如，最近有个股，其炒作的本质原因就是消费，但突然成了国企改革的龙头。

这种改动表面上看很高明，但本质上很无奈。如果内在属性——当初上涨的本质原因能够强大，包括那种本质原因所代表的赛道能够强大，它还需要某种神秘力量去贴另外一个标签、修改为另外一个属性吗？

所以，凡是一个炒作正酣的股，突然放弃原有属性，把自己改成一大堆花里胡哨的标签的时候，我们就应开始给予足够的警惕了。

我们不否认，一个股票具有多重属性、多重概念，但其上涨和炒作的"初心和初因"，也就是"起心动念"，必须能够"一以贯之""持续释放"，这是一个股票的根和灵魂。

历史上绝大多数超级大牛股，都是持续加强和维护这种"初因"，而不是去蹭其他概念和其他"因"才成为大牛股的。

比如小康股份，自始至终都是炒作跟华为合作的那个车；比如顺控发展，自始至终都是炒作碳中和属性；比如九安医疗，自始至终都是炒作它的核酸检测属性；比如振德医疗，自始至终都是炒作口罩属性；比如沪硅产业，自始至终都是炒作它的芯片属性；比如茅台，自始至终也都是围绕它的那瓶酒。

自性的强，初因的强，才是一个股票持续上涨的核心。如果不去关照初因，什么热点来了就给它贴个什么标签，那说明这个股并没有什么可以炒的，反而可能是想出货了。

好股票不是万花筒，而是一竿子捅到底。本性如此，内性如此。

当然，并非说一个股具有多重属性就不好，历史上，也有很多具有多重属性的股炒作成为龙头的例子。但我们发现，靠变属性成为牛股更容易落入小作文和吹票的陷阱。比起靠多重属性来成为牛股，我更喜欢靠单属性释放成就的龙头。而且，即使多重属性，炒作起来，核心还是一个属性，另外的属性顶多是画蛇添足而已。比如君正集团当时炒作蚂蚁金服上市，有人就给它画蛇添足加上疫苗属性，这不是多此一举吗？

炒什么，就是什么。有什么，就炒什么。

不要去炒那些没有的东西，更不要硬贴一个不属于自己的初心的标签。

通过改标签、嫁接和蹭换来的繁华，很可能昙花一现。

而那些无论风吹浪打还是兵荒马乱，坚守本性，不弃初心，不因别的热点暂时繁华而献媚，不因自身属性暂时分歧而弃之扔之，方能成就真正的大牛股。

股票如此，做人不亦如此乎？

谁是龙头（十）：本自具足　光芒万丈

一个板块内，可能同时存在天地板和地天板。

一个股最关键的还是它的内因，当它涨够了的时候，板块怎么折腾它都要出货。股票最大的函数是它自己的内因，而不是情绪。

很多大牛股炒作的是它自己，与别人有什么关系？

情绪周期给很多散户普及所谓联动、卡位这些东西，现在主力都反着用。

一方面反着用，一方面偶尔用。

板块联动不是没有用，而是被夸大了，被主力反着用了。很多东西不是我们不对，而是跟我们想法一样的人太多，那就错了。

关键还是看内因，内因起决定性作用。

少做博弈的龙头，所谓博弈就是外因，就是卡位，就是晋级那种龙。多做内因龙，就是炒作自身因素的龙。

因为我在某一天卡住你了，因为冰点我怎么样了，因为我身位怎么样了，这种炒作模式越来越难，因为打开抖音和自媒体，几乎全部只在这个角度上认知问题。外因式龙头为什么这么流行，因为不用思考，直接数板就可以，直接看图就可以。

大家看看最近好股是不是都是内因股？看看安奈儿、通润装备是不是炒作本身自有的东西？你看看为什么以岭药业还能横住，众生药业就趴下？因为以岭药业自身的产品还在疯卖，而不是一个概念在驱动。

只有自身强大，才能立于不败之地，才不用看别人脸色。

关键是，你不行，把你介绍给巴菲特你也不行，人家不会跟你打交道。人际关系中，你行，不用怎么介绍，人家加你微信后就愿意天天跟你打交道。交际的核心在于你自己厉害，而不是混圈子。

最后，引用一段六祖惠能的话作为本文结尾：

何期自性本自清净，

何期自性本不生灭，

何期自性本自具足，

何期自性本无动摇，

何期自性能生万法。

你是猎手，还是猎物？

我们经常听到这样一句话：

顶级的猎手是以猎物的姿态出现。

诚哉斯言！

每当一个"好股票"出现的时候，很多人都摩拳擦掌，感觉好"猎物"出现了。殊不知，自己才是猎物。而原有的那个猎物，只不过是猎手投的诱饵。

那我们怎么才能摆脱被猎的命运？

答：少做博弈股。

什么意思？

就是少做那种没有任何内在稀缺性、纯博弈、纯数板的股票。因为这种股票，绝大多数是猎人释放的猎物。

你无论技术多高,悟性多牛,都不可能搞过"造物主",久赌必输。

功不打法!

如果一个股票,无论是形态漂亮,还是数板漂亮,还是有所谓的人气,只要它是被另外一个"造物主"造好送给你的,那么,你就有可能是它的猎物,而不是猎人。

我不知道这段话大家能不能听懂。有的东西,我也不方便说得太明白。

那么,什么股能摆脱被猎杀的命运呢?

答:造不出来的股。

什么股造不出来?

理论上,所有股都能造出来,只是成本高低而已。我这里所说的造不出来,是指轻易造不出来。如果要造,就要花大价钱。也就是说,如果某个股票花了极大价钱才能造出来,那么那个股一定具有"硬核"逻辑,而不是"形式"逻辑。

在这种硬核逻辑关照下的股,其本身博弈性会大幅降低,互相猎杀的情况也会降低。

如此,往往会呈现看山是山,看水是水。

也就是说,这种情况下,你看的是猎物,它才是猎物。

所有形式逻辑的股票,都有可能把你当猎物。只有本质逻辑下的股票,你才有可能是猎手。

什么是本质逻辑?

无法通过外形、小作文、挖空心思去阐述的逻辑。它的存在,依赖于事实层面的革命,而不是渲染层面的虚张声势。

内在流动性：股票韧性和生命力的源泉

股票的韧性，也可以说是股票的生命力、意志力。它是指一个股票能够在最大程度上顽强地上涨，或者说延迟下跌。

我们做股票，都渴望自己的股票具有这种韧性。但这种韧性的来源在哪里呢？

有人说是图形，即形态好看；也有人说是情绪；还有人说是板块效益；等等。这些说法都没有问题，也都对，它们代表不同的观察角度，也代表不同的流派和风格。

下面，我分享一个我自己的认知角度。我认为，股票最大的韧性来源于它自身的"内在流动性"。

什么叫"内在流动性"？很简单，它首先是相对"外在流动性"的。

所谓外在流动性，就是今天大盘涨了，大家都有买股的欲望，这种外在的上涨会给股票带来流动性。这种流动性，我称为外在流动性。

外在流动性重不重要呢？当然重要。

但我认为外在流动性不是"本"。我们可以从外在流动性这个角度去做，但它没有内在流动性稳固和本质。

那到底什么是"内在流动性"？

答：不依赖今天大盘一定要涨或者明天大盘一定要涨才上涨的流动性。

这句话说起来很绕口，其实就是一句话：它上涨的"起心动念"不是寄托在市场上，而是内在禀赋，本性具足。

我们不否认、也不会愚蠢到不借助市场外在的流动性。但我们首先必须找到具有内在流动性的股，然后才能考虑借助外在流动性。

或者说，当外在流动性来的时候，当上涨的气氛淹没一切上涨原因的时候，我们更苛求那种本来就具有"内在流动性"的股。

为什么？

因为你无法判断，今天下午，或者明天，或者后天，是否一定有外在流动性来帮助。当无法把命运寄托在外在流动性的时候，只有依靠强大的内在流动性来渡过市场的兵荒马乱。

或者这样说，我们更看重那种在没有外在流动性的时候，仅靠内在就能吸引流动性的股票。

一文道尽龙头战法的前世今生

龙头是什么?

用一句话来说就是头部策略、第一性原理。

←头部

它首先从争议开始:誉满天下,谤满天下。

龙头战法一方面誉满天下,说它好的人很多,一些机构和游资靠这个方法赚了很多钱；同时它也谤满天下，说它不好的人看到这个方法有很多乱七八糟的东西，又是打板又是炒作。人们对龙头战法的看法有些两极化，争议比较大。

为什么龙头股的争议这么大呢？我认为是"好名字，大杂烩"。一提起"龙头"，大家就会想起龙头老大，或者是龙头公司、龙头企业。古代的皇帝也被称为龙。因为"龙头"这个词大家都觉得好，就都想将自己的投资方法冠以这个名字，都想往这个词上面蹭，结果它就变成了大杂烩。我们也可以有一个佐证：今天自媒体时代，大家打开微博、微信，就会发现最热门的、阅读量大的股评有两种，一种是讲龙头战法的，另一种就是讲基本面和价值的。

今天我们说的龙头战法是什么？我相信每个人的回答是不一样的，有的人说我买茅台就是龙头战法，有的人说我打板就是龙头战法，有的人说那就是炒作。事实上很难有统一的观点，大家对它的认识完全是不一样的。

我们今天在这里就是要搞清楚真正意义上的龙头战法是什么，或者说我心目中正本清源的龙头战法是什么。

追溯历史

龙头这种思想，其实是早就存在了，并不是有股市或者这几年龙头战法火这个思想才存在的。

龙头思想主要表现在三个领域：哲学、政治和军事。擒贼先擒王是龙头思想，百万军中取主帅首级也是龙头思想，中医药当中的"君、臣、佐、使"也是龙头思想，中国古代帝王皇权政治更是龙头思想。

龙头思想其实最早来自中国古代的文化。我开始学周易的时候有很多东西不理解。比如说，坎卦有两个阴爻一个阳爻，阴爻数量多阳爻数量少，但是这个卦的性质却是由数量少的阳爻来决定的。

那时我就想，怎么数量少反而决定卦的性质呢？其实一个单位也好、一个企业也好、一个国家也好，不就是少数人决定多数人吗？所以，龙头思想也是这样子的。比如我们要投资一个企业、一个行业、一个赛道或者一个类型的热点，我们不是去找那个多数，而是找少数，这就是龙头思想。

军事上有个术语叫斩首行动，其实也是擒贼先擒王的意思，也非常典型地体现了龙头思想。

龙头思想在国内外政治、军事、文化领域都存在，它其实不需要怎么刻意就自然而然地融入金融领域中了。

聊到金融领域，我们自然就谈到股票领域。

我们先看一个人——利弗莫尔，他有一本书叫《股票作手回忆录》。很多机构，很多公募大佬、创始人，很多私募操盘手以及游资大佬，都很受这本书的影响。

利弗莫尔这个人其实学历并不高，没有读过那么多金融学、投资学的书，也没有被投资理论洗脑。正因如此，他的投资思想才更直接、更自然、更反映本质。他这本书中有一个很重要的思想——领头羊思想，其实在中国文化中翻译过来就是龙头思想，这是异曲同工的。人类历史上诞生的第一个自然而然的股市天才，就已经把这种思想运用到股票上了。

利弗莫尔的投资方法叫龙头股战法吗？肯定不能简单地这样说。

谁是龙头　　　　　　　　　　　　　　　　　　　　　　　　115

准确的说法应该是：利弗莫尔投资思想里面内容很多，是一个非常庞大的思想体系，龙头思想只是这个体系中的一环。当时利弗莫尔有一个赚钱非常多的案例，叫伯利恒钢铁。如果这只股票放在今天，特别是放在我们 A 股市场，我相信很多人都会做得非常漂亮，因为在过去很多年里，我们有自己的思考总结。但是在那样一个年代，懂得这样做的人并不多。

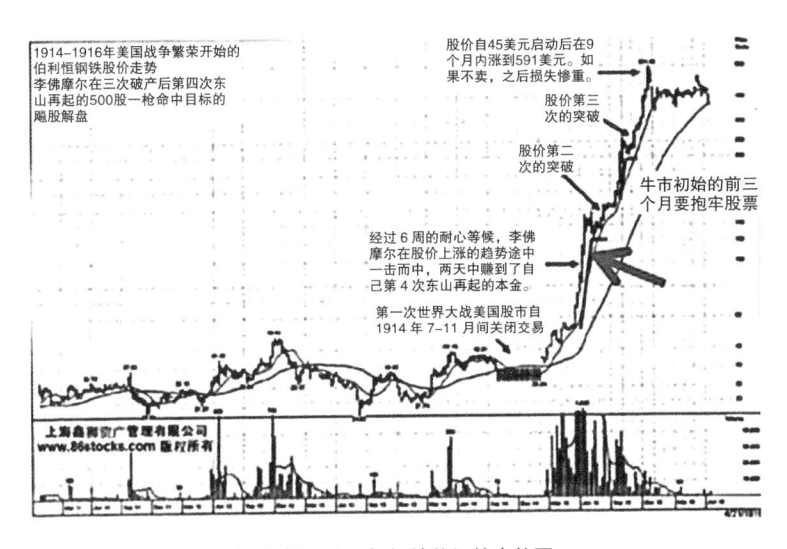

图 2-11　伯利恒钢铁曾经的走势图

我们看图 2-11，箭头指向就是利弗莫尔当时买入的地方。但如果换到今天，我们的买入点就不一定是这个地方了，可能是下面那个刚刚突破新高或者开始的地方。

利弗莫尔选择这个股票的主要依据就是钢铁是当时的热点，是整个社会的主要矛盾。就像我们前些年的高铁、现在的芯片、前段时间的口罩，这些都是真正扼住了整个社会的主要矛盾。所以当我们还原利弗莫尔的投资思想的时候，发现他投资思想宝库里面有一环就是龙头思想。

我们再看一个人——威廉·欧奈尔。

他写过一本书《笑傲股市》，这本书打通了两大投资流派之间冰火不容的暗河，让原本对立的两个投资流派找到了一种沟通点、一种融合、一种交汇。哪两个流派呢？就是技术和价值。巴菲特的老师说股市从长期看是称重机，从短期看是投票机。威廉·欧奈尔的《笑傲股市》就把这两个融合在一块了。

CANSLIM
↑
=Leader

威廉·欧奈尔提出了CANSLIM模型，这个模型里面的L-Leader十分重要。这个模型用的效果好不好，差别就在于你选的这个标的是不是leader。比如用威廉·欧奈尔模型来买贵州茅台和水井坊这两个股票，收益率完全不一样。

我们再往下看，对龙头思想最重视的人——巴菲特。

芒格说过一句话："如果把我们最成功的10笔投资拿掉，我们就是个笑话。"也就是说，他们赚钱最多、最能够奠定他们今天地位的也就是10笔左右的投资。

事实上，给巴菲特带来财富最多的 5 笔投资分别是苹果、美国运通、可口可乐、美国银行、穆迪。从这 5 个答案当中不同的人看到的是不一样的，有的人看到消费，有的人看到金融，有的人看到垄断，有的人看到护城河。

苹　　果：增值 124.4 亿美元

美国运通：增值 35.3 亿美元

可口可乐：增值 34.9 亿美元

美国银行：增值 22 亿美元

穆　　迪：增值 18.3 亿美元

我看到了什么？我看到这 5 家公司全部都是龙头企业，全部都是那个赛道、那个领域绝对的 NO.1。

曾经有一段时间，百事可乐翻的倍数更多，但是巴菲特为什么不买百事可乐而坚守可口可乐？如果买百事可乐，他就不是巴菲特了。这就是巴菲特的思想，所选皆是行业龙头，哪怕排名第二或者第三，它的增长性更大，他也要选择龙头。

以上我们以这三个人为代表，复盘了美国与龙头有关的主要投资思想，下面我们来说说中国。

首先我们有 4 个特色。

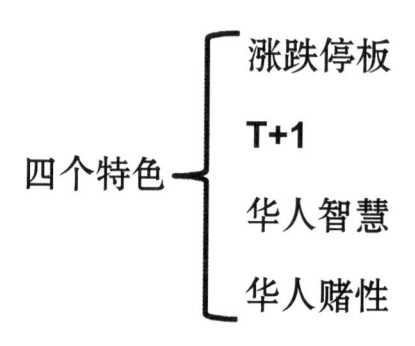

```
              ┌ 涨跌停板
              │
              │ T+1
     四个特色 ┤
              │ 华人智慧
              │
              └ 华人赌性
```

一个是涨跌停板。中国股市最初是没有涨停板、跌停板的，因为波动太厉害了，才制定了这个制度。涨跌停板是我们一个典型的特点。

一个是"T+1"制度。为了保证股票市场的稳定，防止过度投机，中国股市才实行"T+1"交易制度，当日买进的股票，要到下一个交易日才能卖出。

另外两个是华人智慧和华人赌性。很多华人很擅赌，在澳门赌场、拉斯维加斯、欧洲，你会发现赌场里华人很多，而且赌场里面都有华人的标语，这也说明了为什么A股那么多散户。很多朋友只读美国的投资书不读中国的，好像是觉得关于投资方面的智慧，美国有欧洲有中国没有，我觉得这是一个错误。以华人的好赌、华人的智慧，华人在投资领域积累的财富，在投资领域涌现的投资天才远远比美国多，也比欧洲多。只是华人不喜欢把自己的投资秘密写出来，或者说华人投资大师都鄙视（无暇）做投资的学术工作和投资的理论整理工作，大家只喜欢闷头挣钱。实际上我知道的江浙游资、深圳游资、民间牛散，他们积累财富的速度、积累财富手法的诡异程度要比很多美国的投资者更厉害，而且数量不只一两个人，而是很多个人。

这几个特征就让我们 A 股的投资风格更华丽、更多样、更彪悍。而我们自己的这种彪悍，让龙头思想与 A 股相融合之后产生了三个非常好的成果，走出了三条非常不一样的道路。每条道路也都走出了非常多的杰出人物，积累了很多财富。

下面就说说三条路径：

$$三条路径\begin{cases}投资之路：价值龙头\\投机之路：黑马龙头（妖股）\\中间路线：白马龙头（价值投机）\end{cases}$$

一、价值龙头

投资折腾来折腾去，不如选择一个好赛道，直接选择一个龙头企业，躺着睡觉就行了。

房地产就选一个万科；白酒就选一个茅台；药品就选一个恒瑞。你不用瞎折腾，你知道得越多越不好，我们就选择这个行业里最好的那个企业，最好的那个赛道，就拿着别动，这就是价值龙头的思想。

那么这种思想在 A 股的代表是谁呢？有个传奇人物叫刘元生。刘先生投资万科是非常成功的，现在他表示这个股票他不卖，变成像他的荣耀一样，而且"这个股能挣钱也分钱，我卖它干吗呢"？

但是这里有一个重要的问题：价值龙头和价值投资有什么区别？是不是说做价值投资就是做价值龙头呢？我的答案是：表面一样，其实不一样。

价值投资我们可以做一个通俗的解释，就是以基本面为主、赚企业成长的钱，分享企业的盈利。所以价值投资你可以在茅台上实现，也可以在五粮液、酒鬼酒上实现。你也可以在任何一个公司上，从价值的方法来买它，只要它有足够的安全边际，你基本上都可以把自己定义为价值投资。

价值龙头跟价值投资却不一样，价值龙头要求我们投资的不仅仅是很有价值的企业，而且是头部企业、第一性企业，投资更加集中，甚至是完全集中。

二、黑马龙头

黑马龙头，就是我们俗称的妖股。

我们可以这样说，赚钱有两种：一种是赚企业的钱，一种是赚市场的钱。赚企业的钱，就是我分享企业成长的结果，企业成长我的股票就涨；赚市场的钱，就是谁是市场的明星，那我就投资谁。

黑马龙头其实是做"赚市场的钱"之最，所以黑马龙头有一个典型的风格就是涨停板打板，另外一个特点就是市值不大，以小票为主。

黑马龙头跟白马龙头相比就偏虚，没有那么在乎价值和基本面，它更在乎盘面。所谓的盘面就是你挣市场的钱，更在乎市场本身。所以黑马龙头炒作的是人气，对一个好股票推波助澜，让它好上加好。那么我们经常说人气、炒作、跟风、热点，这些东西主要是黑马龙头这个语境下的词汇。

参考在《龙头信仰》里面的一句话："黑马龙头，其实是把龙头规律给短线化、博弈化，把龙头哲学与A股独特的涨跌停板制度结合起来，将人气和情绪结合，同时利用热点、题材、板块效应，制造稀缺感和逼空效应。"

三、白马龙头

白马龙头是中间路线，也叫价值投机。

白马龙头就是把刚才的两种方法结合起来。赚市场钱做到极致的人，也讲价值，也讲基本面；赚企业钱之最的人，也结合市场。把赚市场的钱和赚企业的钱结合起来，就叫作中间派或者是中间路线，也可以把它叫作创新派。

最典型的一只代表股票就是方大炭素，大家在这只股票中找到了最大公约数，就是价值和炒作在A股得到了统一，我把这种方法叫白马龙头。

我们还有一只典型的股票叫中国中车，当时它是两市的旗帜。2015年"一带一路"，政策面、国家层面的都讲得通。再比如说去年的漫步者也是这样子的，很多朋友为了炒漫步者去现场调研，它也是很讲价值很讲基本面的，但是你会发现很多游资、很多短炒的人也买它，它是典型的基本面和市场炒作的共振。

龙头思想在A股形成了这三条路径，我把它叫作一花三叶。这个龙头思想从中国古代的哲学中走出来，从中国的文化和人性中走出来，从美国的投资思想当中走出来，最后自然而然融合在一块，产生的是三种龙头流派。

在《龙头信仰》这本书里有这么一段话："从表象上看，三种投资路径大相径庭。但它们本质是一样的，那就是在龙头哲学的支配下行事,寻找各自的领头人,寻找各自的王,也就是在各自的自留地里寻找它们的龙头,它们秉承各自的龙头路线,结出各自丰硕的果实。"

龙头的本质

首先是第一性思想。

有很多上市公司的高管、管理层使用第一性原则来做管理,就是领军者思维。

当然你也可以不叫它第一性思维或者龙头思维,给它换个说法,比如叫极致思维,做事做到极致。我们做产品的质量、做产品的市场占有率,我们做研发像乔布斯、马斯克一样,做到极致,其实就是龙头思想。

所以说如果做价值做到极致,如果做分析、做市场盘面分析做到极致,那一定是市场的一两个最好的股票——龙头。

给大家讲一个酒店的故事。我有一个感触:做最好的酒店比较好做,做价位低一点的快捷酒店也好做,但是中间价格的酒店比较难做。这就是因为当做的是第一定性的东西时,你不用考虑市场竞争格局。

再给大家讲一个故事。我观察广州的很多地方开川菜馆、湘菜馆,卖米粉、酸菜鱼、辣子鸡等,这些饭店往往没过半年就换老板了,但是另一种饭店很少换老板,那就是比较贵的那种饭店。这就是你做饭店做到塔尖,你的利润率、稳定性、抗风险性都会远远大于其他的。假如我是个投资者,我为什么不投资那种最好的饭店呢?从酒店、饭店的经营之中我们可以发现,成为塔尖之后其实很安全的。这就是一种龙头思想。

其实做房地产也是一样。为什么房地产公司爱做地王？一个房地产公司高管跟我说，只要是几家公司共同竞争出的地王，那么这个楼盘是不会亏钱的。既然那么多家企业都去争这块地，那么多家的高管和调研人员都去调研，这块地一定值这个价钱。投资房地产还是北京、上海和深圳的黄金地段最划算，这就是龙头思想。

如果这个道理明白了，我们把这个逻辑迁移到股市上来就行了。

如果说刚才讲的这个例子有点高大上，我再讲一个基层的故事。刚大学毕业的时候，我做过很多个行业的销售。如果刚刚开始做销售，去一个企业推销，你会先拜访谁？保安、办公室主任、秘书、文员、前台？搞一大堆，搞来搞去之后也不一定能做成。但如果你能够直接找到老板，直接让老板来拍板，那就容易得多。一些所谓的招标，包括所谓的流程，全部可以一路绿灯了。我把这种销售模式叫老板式销售或者龙头销售方法。

我举这么多例子，其实就是为了从不同的角度、不同的视野跟大家讲龙头思想，在任何领域龙头思想都非常有意义、有价值。

你选择在北上广深发展就是龙头思想的体现。你为什么不选择你老家那个县城？因为北上广深是中国的火车头，人在这里生活机会多。

通过这么多论述，我们就可以得出一个结论或者给龙头下一个定义：所谓的龙头就是最关键、最具有决定性、最塔尖性质的因素。那么龙头战法就是拥抱最关键、最具有决定性质、最塔尖的股票。

如果我们用这种思想来看龙头和龙头股战法，我相信争议会少很多很多。

龙头股有什么优势？

越极端的事物越有规律性，越极端的事物越有刚性。

其实我们买股票本质是希望在明天好后天好，明年好后年好。这就叫接力。我们的人生也讲接力，B站（哔哩哔哩）有一个纪录片叫《后浪》，就是寄托后浪比我们要好的情怀。但是大家想过没有，什么样的后浪才能比前浪好？或者什么样的后浪才能在同类当中好？就像我们投资这只股票，我怎么知道这只股票明年比其他股票都好？

其中有一个条件就是前浪要好，当前浪达到极致的时候，后浪一定也差不了。比如说前浪是李嘉诚，李的后浪基本差不了，因为李已经达到了极致，他的后浪更具有确定性。后浪的事业成就可能比不过前浪，但是他的人生容易程度会比很多其他后浪都要好。他的前浪是龙头，做到了极致，所以他作为龙头的后浪的安全性、稳定性，或者幸福指数、财富指数一定不会差，这具有普遍规律性。这个龙头思想对应到投资领域，当你拥有最具规律性的股票时，下一步它也不会差到哪里去。

我们研究股票或者投资，不就是要找确定性吗？我怎么来找确定性？就是越极端的事物越有确定性。当我要偏离龙头的时候，或者是当我做龙头没有坚持到底的时候，我就想到一句话："我本可以忍受黑暗，如果我不曾见过太阳。"这个太阳就是龙头，我们要记得做太阳这个类型的股票。

关于龙头战法的是是非非

一、龙头与涨停板敢死队

龙头和打板不是一回事。打板就是追涨停板，追求的是我今天买了明天能挣钱，主要的思维是溢价思维。而无论是白马龙头还是黑马龙头，都是以选股为核心，是一个接力思维，在乎的是今天买了就占领了市场上主赛道的核心位置，享受这种市场主升浪的最大化，其实是一种中线思维。

真正的龙头股战法，它着眼于分析市场的主赛道、核心品种，选最有人气的、最有价值的股票。它首要做的事情是选股，选股是龙头股战法的第一位。而打板中战术是第一位的，技巧是第一位的。它们的思维底层是不一样的。

二、游资战法

我们经常讲江浙游资、深圳游资，但事实上游资战法是一种错误的、不严肃的说法。全世界所有的投资流派没有以人来下定义的，你不能说你是公募就是公募战法，你是私募就是私募战法，也不能说你有钱就是富人战法。战法只能以风格来论，比如说价值投资、成长股投资、量化投资，是以风格的特点来定义。

游资的投资方法很丰富，游资会打板，也会低吸，也会用技术和指标，当然也会用龙头战法。而龙头战法不但游资会用，机构也会用，散户也会用。二者不能等同。

三、剑宗和气宗

气宗讲究"以气御剑"，以气为体，以剑为用；气是主，剑为从；

气是纲,剑是目。练气倘若不成,剑术再强,总归无用。剑宗认为,武功的要点在"剑",剑术一成,纵然内功平平,也能克敌制胜。

在股票中,当我们认为一只股票能够充当市场的龙头时,它一定是有价值的,一定是大多数人共同认可这个股票的价值,这是气宗。说这个股票的图漂亮、这个股票的模型漂亮,这就是剑宗。

为了把剑宗和气宗讲清楚,我讲一下自己的投资过程。

对我影响最大的一件事情是2007年2月的杭萧钢构,见图2-12,当时我震惊了,股票怎么能这么涨呢?

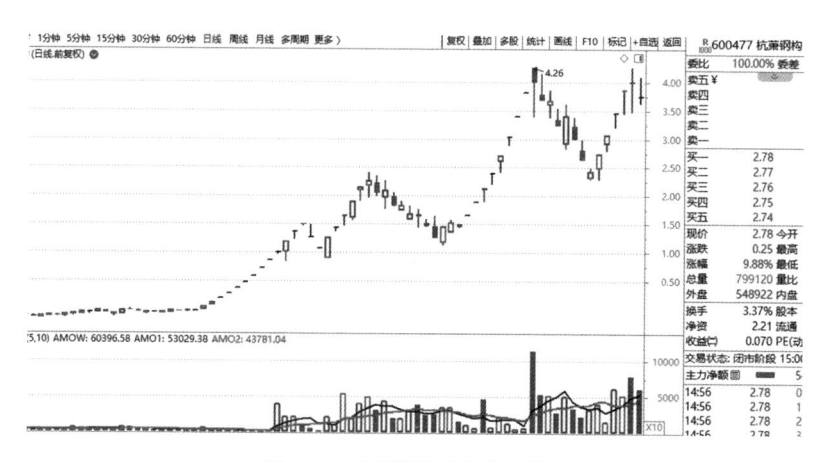

图2-12 杭萧钢构曾经的走势图

其实在这之前已经有几个案例了,只是没有引起我足够的重视。比如在2006年2月的驰宏锌锗,见图2-13;2006年5月的广发证券,见图2-14。

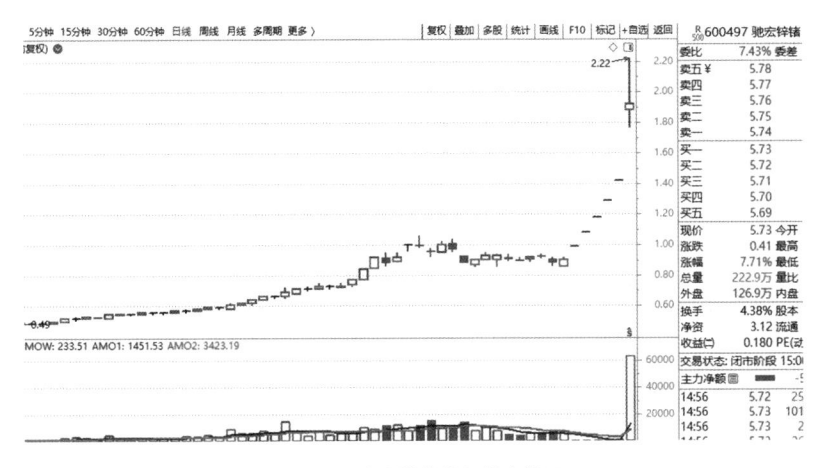

图 2-13　驰宏锌锗曾经的走势图

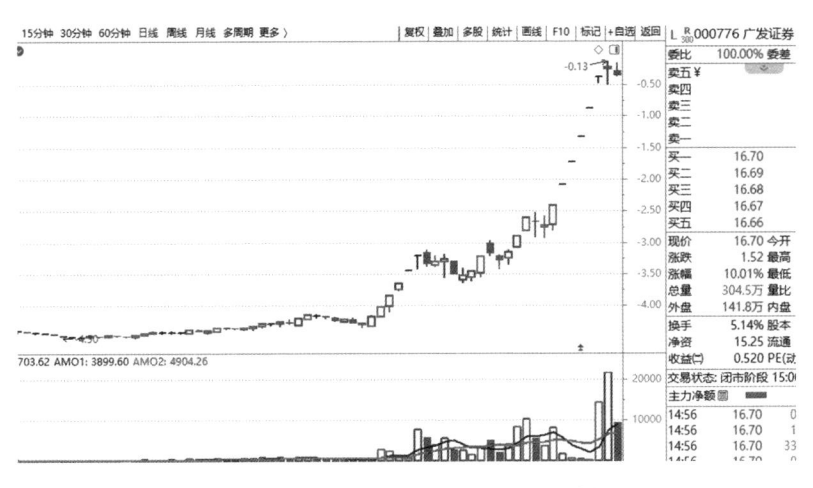

图 2-14　广发证券（当时叫 S 延边路）的走势图

那个时候我突然觉得人和人是有差别的，股票和股票其实差别也挺大。为什么人家的股票就涨得好，为什么有的股票就趴着不动？

我认为股票与股票之间一定有一只股票是龙头。

那既然股票有分类，我能不能去做王者一样的股票? 我能不能就做杭萧钢构这样的股票? 我当时就产生了这么一个思想的萌芽。

当时我没有把这种股叫龙头股，而是叫特殊股。所以可以这样说，在国内研究龙头股的，我算是一个先行者，是很早就开始注意这种股票了。我在2013年的时候就把这种想法写成了一本书——《股市极客思考录》，2015年出版了，那个时候市场上讲"龙头"这个词的人并不多，"龙头"这个词高频出现是2015年之后。

刚开始我也是看见这种股票买一点，后来慢慢地找到一点小小的规律，我就觉得我回不去了，特别是我当时做了莱茵生物之后。

我做莱茵生物的时候，没有理论化、系统化，也没有一种思想准备，就觉得这股很好，我就买一点试试。

其实我是从2006年开始就想，怎么才能做对这类的股票，什么方法才能做出这样的股票？

我最开始想到了从技术分析上求，因为当时在书店里看书，全都是技术分析，指标、波浪。所以我就从技术上求，就是学习技术模型或者是叫绝招。后来我发现这个路不一定是最正宗的，就又找到一种方法从价值上求，从题材、热点上去找。我发现，每一只这样的股票，背后都依托一个巨大的社会变革，或者是社会的重大事件。那个时候的好股票都不是无缘无故地暴涨，那个时候的龙头是自然而然形成的。

这两种模型就解释了什么叫剑宗，什么叫气宗。从技术分析上求叫剑宗，就是找技巧、找模型、找绝招。气宗就不能那么简单，我们必须找到它的内核，一只股票股价暴涨一定源于它的基本面或者是它所依托的社会产生了巨大的变革。2008年北京奥运会带来很多牛股，比如当时的全聚德、西单商场、北京文化、北京旅游、北辰实业，这些见证了气宗。

这两年又流行出了周期派和坐庄派。现在流行的说法就是周期来了，就在这个行情的关键口出现了某个股票，这个股票涨得最高、最有人气、最具有识别度，那它就是龙头。坐庄派就是我钱多我说了算，我来控制盘面。

我本人是经历过这四种路径的。

从流派上龙头还可以分古典派和新生派。

新生派，就是90后、00后。我近几年也在接触这种新生代。他们的做法是打板、卡位、点火、晋级、博弈等。古典派是指老一代的做龙头的人，大家都讲究依托一个巨大的基本面变化或者一个巨大的政策，比如上海自贸区、供给侧结构性改革等。

我们举个简单例子——宏润建设。如果有人跟你说宏润建设是龙头，你就会说它凭啥当龙头？它基本面好还是技术面好？它依托的是什么热点？基本上很难找到一个答案。但是周期派他们有一种思想，比如因为疫情原因，中国的消费和出口受到影响，为了拉动经济，我们要搞新基建。这个新闻一出来，第二天所有带基建的股票都涨起来了。在这个过程当中，宏润建设的识别度最高，那么自然而然地占据了新基建这轮周期的一个特殊的位置，那么资金就认它是龙头。

大家听了可能觉得有点无厘头，怎么可以这样子呢？但是这批90

后有的很有钱，很多是富二代，他们掌握了很多财富，他们这样做市场自然就产生这种现象。

周期的打法也叫时间博弈，这种方法就是踩对节点，什么技术价值都不管，我们也可以把这叫作情绪流，只是在此时此刻你的出现最符合我们的情绪就行了。周期派就是典型的剑宗。大家不是在找市场的旗帜吗？谁具有最大识别度谁就是旗帜，那我就把它当成龙头。

这也是龙头内部的一个争议比较多的地方。

那么我渴望走哪一派呢？我想我们能不能取最大公约数？只要遇到大型的机会，无论你属于哪一派都会出手，因为这种机会符合所有流派的最大公约数，这就是史诗派，比如浙江龙盛、道恩股份、漫步者、寒锐钴业、方大炭素。

龙头其实是一种思想、一种策略，虽然它在民间很活跃，但是目前为止在主流学术界、在金融理论派上还没有独立出来，它还是融入其他投资流派里面，作为其中的一环。

我个人也想从理论上和学术上，给大家一点启发，做点贡献性的工作，让外界提起龙头时，不要就知道打板，就知道某个技术绝招，也不是把龙头与茅台这样的股票简单画个等号，不能理解得这么粗俗。要像我们古代说的这是兵家、这是法家、这是道家、这是佛家，让龙头战法自成一派，提起龙头战法，应该是跟价值投资、量化投资一样具有严肃的学术意义。我在炒股实践的同时，也一直努力地在这方面做提炼和总结。理论的活，也总要有人干吧。

提问：

1. 当前环境下，您觉得下一个龙头是谁?

很多人做龙头股战法有一个误解，说你研究龙头，你告诉我明天谁是龙头，或者今天谁是龙头。

下一个龙头谁都不知道，当然做股权龙头的知道。比如说我知道价值龙头，比如说白酒就是茅台，这个好说。但是市场上的妖股，它是走一步看一步的。我在书中提出的一个观点叫"半渡而击"，就是当我们知道它是龙头，它可能已经涨到半山腰了，或者是已经涨了30%到50%了。另外，龙头是走出来的，我们是跟踪，而不是去预测谁是下一个龙头。

2. 创业板放宽涨停幅度会给市场带来什么影响?

涨跌停板放开对很多打板的打击特别大，但是对于做龙头的，我觉得影响不大。

对做茅台这类龙头的，基本上可以无视它的存在。茅台涨不涨停有什么关系呢? 事实上，对做黑马龙头影响也不大。我们现在做龙头，痛点是什么? 就是我知道它是龙头但是我买不到。或者我知道这是龙头，但我只能买到杂毛和跟风。为什么呢? 因为我们的精力、体力有限，一旦它在瞬间涨停，我即使能买到，我的仓位也很小，我上不了仓位。

但是如果把这个10%变成是20%了，你买得会舒服很多，我们到目前为止还没有看到一个涨幅20%的股票是瞬间涨停的，它都有一个拉升的过程，可交易性就会强很多。另外加大涨停幅度会让龙头更真实。我们现在打开涨停板跌停板，多少股是为了涨停而涨停。为了制造一种买盘的稀缺性，把它封到涨停板产生一个溢价卖给你。很多人本来是要卖股票，就是因为股价涨停了，今天就不卖了，其实就是涨停板让价格失真。如果你把这个涨停板放到20%，这个失真会少很多，也就是让涨跌更真实。

做龙头战法，其实是很欢迎把涨停板放开，最好把T+0也放开。

3.超出预期下跌的龙头还属于龙头吗？

首先我要跟大家聊，龙头的本质一定是超预期上涨，而不是超预期下跌。我们提超预期的时候，主要是提上涨，一个是高度超预期，另一个是上涨幅度超预期。如果不超预期，那就不叫龙头，超预期是龙头的一个典型特点。

超预期跌是不可能的。如果没有任何利空，你连续跌两个跌停板，你的龙头之路基本上就断送了。

4.如何规避假龙头？

这个是最难的，我在这里也无法展开讲，只讲一点：为什么会有游资拿一个亿两个亿造一个假龙头？因为造假的成本太低。

所以，市值越大的龙头，一旦在它冲到龙头的位置，它就越真实。第二个时间越长，它就越造不了假。所谓的造假，就是我今天这只股票弄成你觉得像龙头的样子，我明天就卖给你。但是如果你发现这个股票前后为了这一波走势，已经付出了3个月5个月的代价，它不可能有几个月把自己假进去。这个也可以用波浪理论来解释，也就是说我们从波浪上发现这只股票有前因后果，它缓缓而来，且为了目前这个主升浪走势它付出了很长时间，它假的概率会低很多。

龙头是什么?

龙头到底是什么,龙头股到底是什么?这个问题值得我们反复思考。

龙头股,简称为龙头。我认为是指第一性的事物,具体到股市上,就是指市场上的领涨股、领导股,是最有人气和最具有赚钱效应的股票。

一、龙头股的三种类型

1. 股权龙头

这种认知龙头的角度是借鉴实业和一级市场的投资思路,就是头部企业且处于最有前景的赛道。

这种龙头思维本质上是选企业、选赛道、选未来,不是简单的炒股,而是真正的大投资。这类龙头股典型的代表案例有苹果、谷歌、腾讯、贵州茅台、美团。

2. 白马价值龙头

这种认知龙头的角度是基于基本面的剧烈变化，特别是关键因子的剧变，而且这种剧变要有巨大的预期差。同时，这种龙头往往是处于该股的主升浪中。

白马价值龙头相比黑马妖股龙头，市值往往偏大，有时候也被称为中军，其特点是行云流水、势大力沉、大开大合、浩浩荡荡。这类龙头股典型的代表案例有浙江龙盛、中国中免、以岭药业、美锦能源、沪硅产业。

3. 黑马妖股龙头

这种龙头就是江湖上俗称的妖股，或者群众常说的龙头。其实它只是龙头的一种，是散户比较接受和认可的龙头。

这种龙头是典型的炒作性龙头，其特点是借助题材和热点，借助人气和情绪，并以涨停板和连板为主要特征。这类龙头典型的代表案例有东方通信、特力A、贵州燃气、王府井。

股权龙头是公司驱动，是企业家驱动，是赛道驱动，一级市场和二级市场都适用，是超长线。

白马价值龙头是基本面因子驱动，特别是以基本面短期的剧烈变化和预期差为驱动，同时侧重于主升浪和中线。

黑马妖股龙头是情绪驱动，是群众事件，依赖热点和周期的起承转合，偏重于短线。

上述三种龙头，我称为龙头三个脉系，即一龙三脉、一花三叶。

二、龙头的第一性特征

其实，无论哪一种龙头，都具有一个共同特点：第一性。其在所属范畴具有领涨和第一的特质，只不过，股权龙头是赛道中的第一性公司，白马价值龙头是基本面裂变中反应最剧烈的公司，黑马妖股龙头是情绪炒作中最疯狂的公司。

本质上，它们都是第一性的产物，都在各自领地称王称霸。

具体到股市上，股权龙头与白马价值龙头有很多重叠和共同之处，也往往被统一称为价值型龙头。这样，龙头三脉有时候也呈现出两个世界，即价值型龙头与情绪型龙头。

只是，在不同的场景，龙头呈现不同的话语，提起龙头，有人默认是头部企业，有人默认是妖股。其实，简单地认可前者和简单地认可后者，都是狭义的龙头思想。我们应该从广义上认识龙头，所谓广义，就是认识到龙头的本质——第一性，然后从第一性出发来接纳龙头的多样性。

特别需要强调的是，今天龙头股容易异化为妖股，特别是在群众和民间那里，提起龙头，很多人自然而然地浮现出涨停、情绪、卡位、晋级、身段和数板，而不知道或者不认可金龙鱼、中国中免、牧原股份和贵州茅台也是龙头，这种认知是很狭隘的，甚至是危险的。因为随着注册制的来临和机构队伍特别是公募的壮大，价值型龙头会获得越来越多的话语权和参与资金，一些大型的游资和大户也积极转型参与价值龙头。如果再把龙头画地为牢地理解为妖股，理解为涨停板、连板和数板，那就会越来越背叛"龙头思想"本身。

真正的龙头思想，其核心是理解什么是第一性事物、什么是最强、什么是领涨、什么是价值，其末技才是 K 线、指标、形态，至于卡位、弱转强、分歧转一致，更是雕虫小技。

真正的龙头战法，应该亘穿 A 股、港股、美股，在任何一个市场上都能用，而不仅仅是在涨跌停板和 T+1 的 A 股上使用。真正的龙头战法，应该在期货市场能用，在艺术品投资市场能用，在收藏品投资市场能用，在企业股权市场能用，在一切博弈和斗争的领域都能用。唯有如此，才是龙头正道，才不枉"龙头"一词。

而这种认知，只有广义龙头思想能够做到。

从个人感情和价值观出发，我觉得价值龙头应该越来越具有前景。我曾经在《龙头信仰》里大声疾呼过：

> 很多日夜，我都会静下来品味龙头一词，这是一个多么高贵的词汇，她天生就应该被敬仰。
>
> 提起龙头，在哪个领域不是香饽饽的？不是天生万众期待？
>
> 在股票市场上，配以龙头二字的龙头战法，同样应该具有王者风范，其路径应该越来越宽，其价值观应该越来越被别人认可。
>
> 我本人是宣传龙头战法的，我非常担心把龙头战法宣传到沟里去了，更从骨子里反对把"仙股"和"垃圾股"的炒作当成龙头正道。
>
> 在这里重新定义龙头，我把价值性放在第一位，就是强调龙头的最朴素、最本质的底色是价值驱动、价值导向，大事件和大级别才配得上龙头的"光明顶"之战，而不是偷鸡摸狗，更不是蜗牛角上争长短。

> 龙头战法,应该给人以势大力沉、大道当然的气象,而不是一提起龙头战法,就被人误解为:那是一群亡命之徒。
>
> 没有价值加持,疯狂至死的做法,只会糟蹋龙头一词,侮辱龙头战法。在这里,价值加持就像定海神针一样重要。没有价值加持的炒作,叫妖股,有价值加持,才是龙头。
>
> 有价值加持,龙头才有"皇气"和贵气。

这里,我反复提及"价值"一词,不过本文对价值的认知同样也是广义的。所谓广义,即并非仅仅接纳教科书上的价值定义,并非仅仅看有形价值和财务价值,还要从信仰上、政策上和人与人之间的"相争"中来认知价值。说通俗点,既认可茅台有价值,又认可比特币有价值;既认可大米和面粉有价值,又认可古董和字画有价值;既从生产和劳动的场合看到价值,又从寺庙、道观和教堂中看到价值。

广义价值源于多元价值观,源于接纳不同信仰和不同定义价值的方式。坚持广义价值,是因为我们是广义龙头思想。

不仅仅这二者是广义,推而广之,投资也是广义的。二级市场是投资,一级市场也是投资,人生的很多决策,又何尝不是一场投资?

不愿当将军的士兵,不是好士兵。有的人为了做人中龙凤,坚韧不拔,万千险阻不磨其志,为了理想倾注大量的时间和精力,这不也是投资吗?

其实,选择北上广深还是选择二、三线城市,选择公务员还是选择经商，选择在传统行业还是选择互联网赛道，甚至选择跟谁结婚，选择跟谁做朋友，把时间和情感花费在谁身上，也都是一场场大的投资。

在这些投资里，坚持第一性思想，坚持最有未来的赛道，坚持价值导向，也都是龙头思想的智慧。

白马价值龙头

当我们说龙头的时候，我们在说什么？

龙头是一个宽泛的词汇，当大家谈论龙头的时候，也许各谈各的，所以，就容易造成一个很大的误解：你说龙头好，那为什么我的龙头不好呢？

因为龙头这个词听起来比较高大上，很多人都喜欢往上面靠。特别是在小作文流行下的今天，有些人为了让自己的票涨得更快，往往也喜欢给某某股票贴上龙头的标签。

可事实上，龙头从来不是人为认定的，龙头是市场定义的。

如果人来认定龙头，每个人都会把自己的股票意淫成龙头。

我跟很多人交流过，发现目前市场上认定龙头主要有两种方式：一种是基本面定龙，另一种是数板定龙。

基本面定龙就是认为某某股基本面非常好，它一定是龙头。特别是有基本面功底或者小作文类型的投资者，喜欢用基本面的最好来定义龙头。比如，前段时间炒稀土，很多人就直接把北方稀土定义为龙头，也有人把广晟有色定义为龙头。如果你跟他理论，他的道理比你还多，从大股东背景、产品结构、稀土类型一直跟你谈到稀土集团的合并。

数板定龙其实就是谁最高谁是龙头。

这种方法也被称为空间板战法，在某些龙头流派那里比较盛行。但，龙头并非机械地数板。当然，龙头经常表现为最高板，但最高板并非都能变成龙头。而且，如果你等一个股变成最高板再定义为龙头，那买点一定很高很危险。

至纯至善的龙头，虽然会用到基本面和数板，但最终的裁决一定是市场。这个市场并不是简单地说"走势反映一切""走势证明它最强"，而是包含了领涨、对抗暴跌、分歧日显示风骨、独特气质、反复超预期等。

恰恰是在这诸多市场因素里，龙性显现出来，龙头暗藏其中。此时，也许它不是基本面最好的，比如东方通信并非什么好的5G公司，金健米业甚至没有什么大米。也许它并非当时市场的最高板，比如九安医疗不一定要涨到最高才知道它是龙头，小康股份也并非连板才能证明龙头。

仅仅基本面或仅仅最高板，显然是不够的。

正是因为不同人对龙头的认知不一样，所以，同样都谈龙头信仰，但信仰的对象不一样，交易的对象也不一样。

也许，某个人在龙头上大赚，但另一个人在龙头上大亏。事实上，他们交易的完全不是一个股。

这就经常给龙头战法带来争议。

我曾经看过很多大V说龙头战法云云，但他提到的案例几乎都不是龙头股。他们经常拿普通强势股、趋势股、涨停板股、补涨股、情绪股来分析龙头。其结论无论是什么，都容易把龙头的规律和性质与普通股搞混淆。

比如，分歧买入法、一致买入法、反包与超预期，这些东西只有在龙头上规律才强烈，成功概率才高。但如果用在普通股上，很容易又陷入传统的技术分析，而不是龙头思维。

所以，我认为，龙头战法的基石，是龙头的定义能力，而非战术能力。

正因如此，本书着力去增强龙头的定义能力，以此来提高龙头战法的水平。

龙头走过的路：从伯利恒钢铁到……

在中文词汇中，如果说哪些词高贵得让我发自内心地向往，那一定是这个词：人中龙凤！

做人中龙凤，成就高品质自我，一定是很多人的追求。

所以，龙头一词，天然就是中文词汇中金光闪闪的字眼。不知道从什么时候开始，投资领域开始出现"龙头"二字。一开始，大家把某种股票叫龙头，后来叫龙头股，再后来大家也把某种做法叫龙头战法。流传到今天，龙头或者龙头战法一词，已经被说俗了，俗得几乎成了贬义词。

岂不知，它是最高贵的词汇。

2020年终2021年伊始，投资圈见面，因为龙头一词，出现完全相反的两种画风：第一种，龙头失效了，龙头战法不管用了；第二种，还是龙头好，做股还得做龙头。

为什么?

核心原因在于对龙头的认知和定义不一样。第一种是从外形上定义龙头，把龙头与打板和追求连续涨停板绑架起来；第二种是追求龙头的精神实质，追求主要矛盾和优势产业下的龙头公司。

其实，龙头一词刚进入股市，最初是从精神实质上去定义的。当然，我们今天也不知道是谁第一个把龙头一词用在股市上。通常，大家把美国的利佛摩尔当成第一个用这种方法的人，因为他是有文字记载比较早在股市和期货领域发现龙头现象并利用这种现象的人。

虽然这个人至今争议不断，但他曾经用龙头规律做的一个投资案例，却没有任何争议。这个案例就是投资伯利恒钢铁。

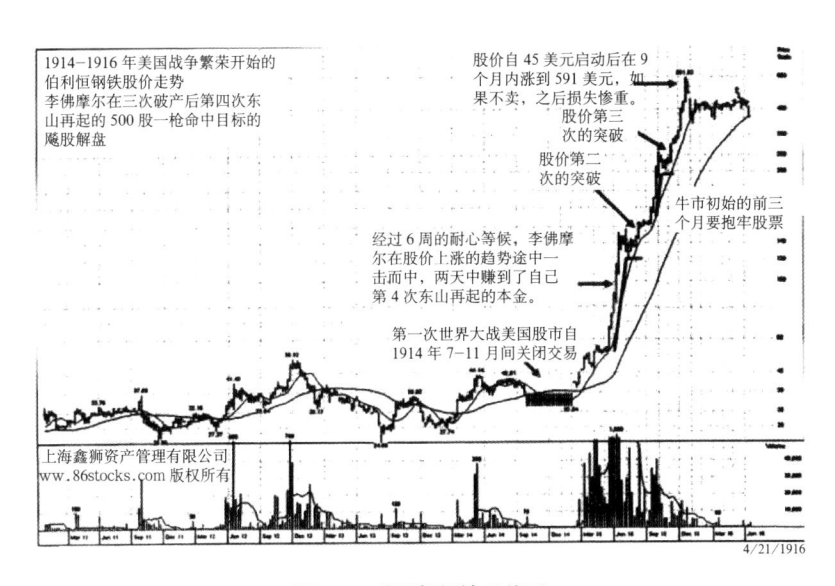

图 3-1　伯利恒钢铁 K 线图

我发现很多人对利佛摩尔的"名言"倒背如流,但对他最精彩的投资案例却缺乏深挖掘。

在我眼里,伯利恒钢铁投资案例中闪烁的智慧超过他所有的"名言"。大家对利佛摩尔的名言,有的以讹传讹,有的断章取义,但伯利恒钢铁的案例却永恒地立在那里,只要我们去挖掘,总能看到闪闪的金子。

钢铁,在今天看来早已不新鲜,甚至是落后产能的代表,钢铁股也早已经湮没在陈旧的记忆里。可在1915年,彼时的钢铁却类似于今天的5G、新能源、人工智能、互联网、黑科技,甚至还超过!因为那个时候处于第一次世界大战期间,因为那个股票处于美国——一个发战争财的国家里。

战争期间、发战争财的国家、战争类公司,当这些词集在一起,诸位可以想象伯利恒钢铁是一个什么股票。

我给的答案是:

主要矛盾中的主要股票!

该股没有涨停板,没有卡位晋级,没有身段比较,利佛摩尔眼里也不在乎这个,他在乎的只有:

强势!强势!强势!

基本面的强势,技术走势的强势,国际格局(一战)中受益最强,社会产业变迁(钢铁产业)中受益最强!

这些才是一个龙头的命根子。于是我们看到他的出击。

伯利恒这一案例,无论从价值投资去解读,还是从博弈投资去解读,还是从技术面去解读,还是从事件驱动、产业投资、戴维斯双击等角度去解读，都堪称经典。

这才是龙头战法的正宗！

一诞生就泰山北斗！

每次想到这次投资案例，我眼前就浮现这个钢铁公司的一些镜头；每当我想到这个公司，我也会反复追问龙头的根本是什么。

我的内心不止一次地告诉自己：

是主要矛盾！

是社会变迁中优势产业的头部公司！

是戴维斯双击！

是自上而下的鸟瞰！

如果从这个角度去思考龙头，口罩在 2020 年初是主要矛盾，可以称为龙头；新能源是今天社会变迁中的优势产业，其头部公司可以称龙头；中国中车是在 2014 年开始的"一带一路"中的国际格局下最耀眼的公司，可以称龙头；万科在城市化过程中是最大受益者，可以称龙头；深发展在香港回归前那个背景下，也可以称为龙头；四川长虹在家电进万家的背景下，亦可以称为龙头。

社会在变迁，龙头也在变迁。但无论怎么变，龙头都应当是当时背景下社会主要矛盾的产物；龙头都应当是鸟瞰国内乃至鸟瞰国际形势下的产物；龙头都应当是反映某时某刻的优势产业优势公司的产物。

过去十年，互联网红利方兴未艾，人类正在从方方面面搬家到互联网上，所以腾讯、抖音、美团是当之无愧的龙头。

过去十年，消费升级，货币泛滥，能够抵御通胀且成为最强需求的东西，诸如贵州茅台、片仔癀，是当之无愧的龙头。

而国际格局下，中国是发展势头最猛最容易出奇迹的国家，这些公司生在中国，就是龙头中的龙头！

你我生在中国，能目睹这些变化和奇迹的发生，非常有幸。

今天你我所见到的这些龙头公司，其实跟100多年前伯利恒钢铁这样的公司，本质是一样的：

诞生在最有势头的产业！

诞生在最有势头的国家！

其中的佼佼者就是龙头！

拥抱头部：勿作叶想，勿作花想

每当一轮巨大的变革来临，都有一批股受益。

但很多朋友会担心，因为哪怕是核心股，也是一会阴线一会阳线。

进去吧，怕见顶；不进去吧，怕错失机会。

如何是好？

我们从历史中找一些规律和教训吧。

2019年，最大的产业变化之一就是猪。当年伊始，猪肉股集体暴涨，沾上猪的股票都龙飞凤舞。我们今天的那些新能源股，很像当时的猪肉股：板块运动，个股前赴后继，趋势走法，机构参与，研究员鼓吹。

但猪肉股的炒作，很多人不是过早下车，就是过晚下车。这里面好像是择时和买卖点的问题。所以，很多人也来回在买卖点上求，一会反包，一会低吸，一会打板，一会追高，一会 10 日线，一会过新高，不一而足，忙得不亦乐乎。

但，转念一想，通过买卖点来解决这个问题，似乎不够究竟和本质。就拿猪肉那轮行情，最赚钱的做法并非在一堆猪肉股中上下车穿梭，而是选择一个头部企业一直持有。

猪肉股的头部是牧原股份。从事后看，牧原股份不但亘穿整个猪肉上涨周期，而且猪肉周期结束后，它还享受溢价。正邦科技、天邦食品、唐人神不涨之后，牧原股份还在坚挺攀升。其上涨一直持续到 2020 年的夏天。见图 3-2。

图 3-2 牧原股份坚挺攀升图

当然，这是事后看。能不能事前看？

很多人一提到"事前"，就想"预测"。其实我觉得，事前本领在于事后总结得够不够通透彻底。事前谁也无法预测一个赛道一个股票能涨多少，我们所有关于一个股票事前的预测，都是根据曾经有过的事后现象总结出来的规律。

牧原股份之所以比其他猪肉股涨的时间更长，一个重要的原因是它是头部企业。

那么，我们能不能由此设想：所有的头部企业，都会享受那个赛道其他股享受不到的优势？

为了证明这个设想，我回顾了很多股票，结果发现大部分情况下这个设想是成立的。我把这种现象叫作头部规律：

> 一个黄金赛道，头部企业会最后见顶，涨幅往往也是最大。

比如：房地产赛道头部企业是万科 A，其上涨周期和高度，其他房地产企业难以望其项背；铜行业的头部企业是江西铜业，在 2006 年牛市中，它的周期和幅度也是最佳的；白酒头部是贵州茅台，其他白酒歇火后，它完全不歇火，继续前进；互联网头部企业是腾讯，至今依然领涨互联网。

当然，你也可以在赛道里找出其他股票比这些头部企业涨幅更大，但从确定性上讲，头部是最确定的，最不容易跑偏的，也最不用担心买卖点的。

有没有失效的呢？

当然也有，比如钢铁、煤炭、石油。失效的原因并非头部规律失效，而是赛道失效，是这些头部企业所属的行业处于夕阳产业，产业没有魅力了。

于是乎，我们可以得出一个结论：

如果产业方向和赛道没有问题，拥抱头部企业是最佳的策略。如果坚持这一策略，可以忽略或者忘记买卖技巧。

因为头部企业是一个产业的根，是一个赛道的最大受益者。

如果真能坚持这个"根"，那么一根根 K 线，一天天的盘中分时图，就如同枝叶和花朵，而头部哲学恰恰是要求忘记这些枝叶和花朵：

勿作叶想，勿作花想。

把最大的时间放在"只作根想"上。

这个"根"就是选出谁是最有前景的赛道，谁是头部企业。

比如：如果你还看好智能手机，就拥抱苹果；如果你还看好芯片，就拥抱英伟达；如果你还看好白酒，就拥抱茅台；如果你还看好互联网，就拥抱腾讯；如果你还看好新能源汽车，就拥抱特斯拉＋比亚迪；如果你还看好新能源电池，就拥抱特斯拉＋赣锋锂业；如果你还看好医药，就拥抱恒瑞医药和片仔癀；如果你还看好太阳能，就拥抱通威股份＋隆基股份。

这个方法最能享受一个赛道的成果，也能最大程度上回避折腾。

特别是在流动性泛滥的背景下，这或许是最佳选择。

龙头赛道一个最大的好处，就是不用担心踩雷，因为头部已经代表最好。

这种头部做法，也叫斩首行动。我把这种做法称为广义龙头战法。

龙头之两种：价值型与情绪型

龙头原教旨的意思是第一性，就是指领袖、头部、塔尖和王中之王。

被冠以龙头名号的投资思想，本来应该符合龙头的原教旨主义，但后来却成了另外一种画风——被绑架在涨停板、卡位、情绪和追高的世界里。

以致有人说：不打板是龙头战法吗？

其实，全面的龙头思想应该包括两种：价值型和情绪型。

价值型就是博弈行业和赛道的头部公司，比如腾讯、茅台、特斯拉、美团。这类龙头思想的根基在于：

（1）目前最好的、最有革命性、最有商业魅力的赛道；

（2）头部公司。

也就是赛道的龙头性、标的的龙头性。

而情绪型的龙头思想是博弈市场情绪和投机气氛，常用的思维是身位、卡位、情绪、涨停板以及形态筹码。这类龙头思想的根基在于

（1）身位；
（2）地位。

这两类龙头思想谁对谁错？

应该说，文无第一，武无第二，两种龙头思想做到极致都不容易。我见过情绪型龙头用到极致的人，收益率惊人，积累了巨额财富；也见过价值型龙头做到极致的人，收益率同样惊人，富不可言。

目前来看，海外的龙头思想应用者，偏于价值型龙头；国内的龙头应用者，情绪型偏多。

我在这里把龙头思想一分为二，并非制造它们的对立，而是说龙头有两面：价值一面和情绪的另一面。比如，炒作金龙鱼、九号公司，是偏于价值一面的龙头思想；炒作智慧农业、金徽酒是偏于情绪的一面。

但，在有些媒体和话语体系里，只知道龙头有情绪的一面，只知道涨停、情绪、卡位、晋级、数板，而不知道做金龙鱼、九号公司这类人也是龙头思想的信奉者，甚至是更原教旨主义的龙头思想。

企业是龙头企业，赛道是黄金赛道，这不是龙头思想是什么？

随着注册制的来临，A股可能港股化，垃圾股可能变成仙股。A股的投资也跟港股一样，喜欢情绪的人博弈仙股、涡轮，喜欢价值的

人博弈腾讯、美团。

仙股和涡轮在 A 股就是垃圾股和可转债，腾讯和美团在 A 股就是茅台、金龙鱼这类公司。

有人说，你所说的价值型龙头不就是价值投资吗？

非也！

其一，价值投资标的可以是头部企业，也可以是非头部企业，只要基于企业内在价值，给予安全边际的投资，都算价值投资。但价值型龙头绝大多数是投资头部企业，且是黄金赛道。

其二，价值投资持股时间比较长，分享的是企业成长的钱和分红。价值型龙头可以长持股，也可以持股一个波段，甚至持股很短，三五天、十来天。它在乎的是赛道张力阶段和基本面剧变阶段。过了这个极端，也许它还符合价值投资，但价值型龙头就选择不理它了。

其三，价值投资是纯投资力量，价值龙头则接纳投机的力量。也就是说，价值型龙头可以用短平快的方法来做价值股。价值型龙头并不是一直拿着股票不放，而是进一片森林，把几个最大的猎物打光就走。

价值型龙头同时还引进一些筹码和技术的思想，比如形态结构、趋势、主力控盘。

最典型的价值型龙头的案例就是沪硅产业、金龙鱼以及去年的浙江龙盛。

价值龙头与情绪龙头最大的区别是根基，前者的根基是价值性，就是这个价值能不能炒作，其炒作的噱头是该公司有没有货。后者的根基是情绪，这个股有没有在某个阶段成为人气之王。

当然二者也有共性，那就是都在乎市场地位，都在于是不是核心股。

至于赚钱的快慢，有人说情绪型龙头赚得更快，价值型龙头赚得慢。其实未必，用好了都快。

比如，九号公司才几天就涨了快三倍了，金龙鱼也没有几天就要翻倍了，中金公司更是短期就能拿 50% 的利润。

更关键的是，价值型龙头可以重仓出击，甚至全仓。而且，一旦你错了，价值型龙头回撤的幅度没有那么大，试错成本低。

能够冠以龙头的，都不会慢，也都不会差。关键是我们对龙头理解要深刻，透彻。

注

很多人只知道智慧农业是龙头，而不知九号公司也是龙头。只知道有涨停板妖股，不知道有价值性妖股。本文专门为此而写。

其实，我写过好几篇类似的文章，初心在于注册制之后，A 股可能出现全新变化，20 厘米制度下，也许价值型龙头越来越多。

更关键的是，价值型龙头也越来越能容纳大资金。很多情绪型龙头的朋友正在往价值型龙头转型。

龙头新变化：离价值很近，离投机很远

每一个龙头走过，很多人都会总结其"规律"，以便做好下一个龙头。

龙头的轮番表演，估计又会让很多人在小本子上写下自己的心得。

以史为鉴，可以知得失嘛。

但总结归总结，结论和思考方向可能完全不一样。有的人可能看到了更大的投机，而我看到的，却是另外一番景象。

那是什么？

答：是价值！

龙头战法这么多年，很多人总是从投机和博弈上去总结、去解读、去理解。于是乎，数板、形态和筹码的博弈，成了龙头战法呈现给媒体的主流。提起龙头战法，很多人第一印象就是打板、数板和情绪卡位晋级。

打开各种自媒体，包括抖音，谈龙头没有不从上面角度去谈的。

对不对呢？

我只能这样回答：投资没有绝对的真理和对错，不能说别人的就不对，自己的就对。

但，如果仅仅看到这个维度，停留在这个境界，容易让龙头战法陷入筹码博弈自娱自乐，变成打打杀杀纯筹码抢帽子的游戏。

这种情况，我是不愿意接受的。

事实上，这些年，如果真正是做龙头战法的人，会感受到龙头战法最大的变化就是它越来越向价值靠拢，越来越惩罚纯筹码的投机。

当然，事物的变化是一个反复演进的过程。投机和纯筹码博弈永远不会消失，龙头也会经常表现出这一面。

但，如果你仔细回顾这些年的龙头，会发现一个现象：价值性在龙头中所占的比重越来越高。

主要表现为：

（1）当两个股票条件相同，特别是高度和身位相近的时候，价值性高的股票容易成为龙头。即，有价值性的人气股，成为龙头的概率远远大于纯筹码性的股票。

（2）一旦失败，价值性的股票亏钱的幅度和核按钮的惨烈度，远远小于纯筹码博弈的股票。也就是说，价值性股票容错率、风险和错误的后果，远远小于纯筹码博弈的股票。

（3）价值性越来越成为多数人包括纯筹码博弈的那批人起心动念的锚，以及舆论和对外宣传的武器。价值性的话语权在增加。

所以，如果你问我最近这些年在龙头的身上看到了什么变化，我毫不犹豫地回答：离价值越来越近，离投机越来越远。

就拿最近来说，前段时间很多人都用九子夺嫡的图来找谁是跨年龙头，一开始根本没有九安的份，后来九安成了最终的跨年龙。其最终胜出的最大因素就是它的价值性在所有妖股中是最立得住的。

而当九安在高位振荡的时候，很多纯筹码博弈的股票上演天地板，一夜之间跌去 20 个点。值此危难之时，扶大厦之将倾的，同样是一个基本面有想象力的白酒。

当然，行情不可能纯之又纯，夹杂着投机和筹码也在所难免。

但，我们看问题要看主要矛盾，要看趋势，要看方向。

你当然可以指出，三羊马、顺控发展依然是纯筹码的博弈。但，2021 年价值类的龙头，无论数量和频率，都远远大于纯筹码类的，出勤率也远远高于往年。

比如江特电机、北方稀土、九安、百川、小康、华银电力、长源电力、上能电气、润和软件、拓新药业等。

当然，这些股有的事后也被证伪。但当时，它们是以市场能解读的价值面的身份出现的，而不是纯筹码博弈。

也许在公募眼里，我们这些股都是渣渣。不过，话又说回来，如果在巴菲特的眼里，也许我们公募选的很多股也是渣渣。

不能要求一步到位。

如果我们跟过去比，跟纯筹码博弈比，龙头的价值化趋势还是很明显的。

这里的价值，并不单指业绩，而是指公司的基本面正在发生一种质的变化。这种质，要么是科技的进步，要么是新产品的问世，要么是受益国家某个最新政策，要么是主营业务的产品正在疯狂地涨价。总之，就是发生一种实实在在"硬"的变化。

龙头与这种"硬"变化的结合，成了当今龙头战法全新的主题。而远离这个主题，纯粹看图看情绪，越来越偏离龙头的未来。

今后再遇到一个股票，不能再大声疾呼：图形太好了！

而是应该问自己：它有质的变化吗?

顾城有一首诗：

> 你
> 一会儿看我
> 一会儿看云
> 我觉得
> 你看我时很远
> 你看云时很近

而龙头也可以用远和近来表达，它的未来会越来越：

> 离价值很近，离投机很远。

超级龙头

到底怎么表述才能说明白我心中的龙头?

在《龙头信仰》里,我用一花三叶、一龙三脉来表述龙头,把龙头分为股权龙头、白马龙头、黑马龙头。

生怕大家误解,我专门提醒了白马龙头,就是那种不以涨停板来衡量,而是以"基本面+趋势"形成的龙头。我当时举的案例是浙江龙盛、美锦能源。

为了说得更透彻,我在《香象渡河》里用好几篇文章阐述白马龙头——不一样的龙头战法,专门用方大炭素来举例子。

但,即使如此,今天A股股民心中,提起龙头,几乎还都是用连板—空间板—连续涨停板来看龙头。

最近就有很多朋友说,市场不好做,因为没有龙头。

我就反驳回去:比亚迪不是龙头吗?

跟很多朋友聊天,他们都说新能源龙头是中能电气之类的,我就明确说,新能源龙头就是比亚迪。

直到今天,他们才发信息向我承认比亚迪是龙头。

各位,现在股市不像以前了。也许今后相当长一段时间内,A股跟港股一样,大多数股票不涨,甚至暴跌;只有很少的股票涨,那几个少数股票就是龙头,比如腾讯、美团这样的。

未来行情会很极端,可能是一九行情,也许板块效应都没有了,好股就是好股,龙头就是龙头。不是股市在涨,而是龙头在涨。

图 3-3　比亚迪走势图

就拿最近来说,市场行情是不好,但龙头行情好。

什么是龙头? 中金就是龙头,九号公司就是龙头,比亚迪就是龙头,金徽酒就是龙头。

目前股市和龙头的新变化我分享如下：

（1）投资分两极：投资一极，投机一极；

（2）应投资超级品牌、超级价值、头部企业；

（3）不做跟风，只做老大，如比亚迪；

（4）没有中间派，中间派死；

（5）聚焦核心，精选股票，能交易的只有 3~5 个，选多者死；

（6）白马越来越集中，聚焦龙头；

（7）越来越寡头化；

（8）A 股股票数量越来越多，只能聚焦核心，要重质；

（9）建议少做纯博弈；

（10）不管 10 厘米还是 20 厘米派，市场可操作的票，越来越少；

（11）龙虎榜的机构票，需要高度关注；

（12）个人基础不一样，理解也不一样，抢买不一定是好事。

也就是说，我们 A 股全面注册制，股市生态会发生很大变化。面对未来，牛市概念、市场好坏这个概念在逐步淡化；牛股概念、顶部企业、顶部龙头、超级龙头这些概念会逐步加强。

为此，我专门用"超级龙头"这个名词作为本文的标题。为什么？因为我觉得今后股票就是两极分化，好的股票越来越超级龙头，就像永动机一样涨，坏的股票就仙股化。

龙头，应该在永动机类型的股票中去找，而不是在仙股中去找。为了阐明我的这个观念，我曾在《一文道尽龙头战法的前世今生》

中，明确了龙头战法的三大分支，特别是强调了价值性和白马龙头。

所谓价值性，就是基本面。所谓龙头就是顶部企业，超级品牌类公司。

其实这些观点，我在《龙头信仰》一书中曾经花费很大的气力去写，并反复强调价值性。之所以在这里还强调，就是因为我觉得很多人还对龙头有很大的误解，特别是认知机械化。

他们只知道连板的智慧农业、贵州燃气、天山生物这样的股票是龙头，而不知道中金公司、九号公司、比亚迪是龙头。

甚至有人说我知道它是龙头，但是——

但是个啥？

既然你知道它是龙头，为什么宁愿空仓也不愿意买一点点它呢？

可见所谓的知道：

未必是真知，

未必是深知，

未必是知得通透和究竟，

没有彻底地认知龙头和拥抱龙头。

所以，我今天提出一个超级龙头的标题，所谓超级，即"顶部企业＋顶部品牌＋公司发展不断超预期"。

如此一看，我们对龙头的认知会豁然开朗，不再局限于形态和涨停板，而是从公司的超级性来诉求龙头的超级性。

游资转型：价值 or 情绪

越来越多的游资和涨停板派在谈"转型"，转型的核心就是去拥抱价值。

这个转型我非常认可，也积极赞誉。

事实上，很多年前我就在积极宣传龙头战法要与"价值"相结合，要拥抱"价值"，并特别提出白马龙头和股权龙头。

什么是白马龙头？什么是股权龙头？

核心有以下几点：

（1）用基本面的裂变充当股价波动的源动力，而不是所谓碰瓷一个热点和概念。

（2）基本面充满巨大的预期差，而不是简单的基本面好。

（3）用趋势取代涨停板，用波段走势取代连板，改变过去在乎一城一地得失的做法，取而代之的是在乎一个主升波段的高度和级别。

总结起来就是三个词：基本面、预期差、趋势。

其实，我一直宣传和倡导价值龙头的路线，在几年前我就写了很多篇关于拥抱价值的文章，并在《龙头信仰》和《香象渡河》中，花很大笔墨论述价值和基本面。

特别是在《龙头信仰》中，把龙头思维的第一维定性为价值性。我曾经在书中用浙江龙盛、方大炭素等股票来分析白马价值龙头的做法。

时至今日，应该说这个思路得到越来越多人的支持，也成为很多游资转型的选择。

看到这条路越来越宽，越来越多人认可，我很欣慰。

但今天我要反着思考了：价值类股票也不好做，价值中也掺杂着越来越多的情绪。

什么意思？

当很多人看到趋势价值的好处之后，纷纷把涨停板的资金调集到趋势股上来，不管三七二十一狂轰滥炸，本来是趋势性稳定的价值股，结果也变得越来越具有情绪性。暴涨暴跌，甚至核按钮，也开始出现在价值股之中。

特别是某些游资把价值股当成另外一种涨停板来做，不可避免地让情绪股的一些缺点也出现在价值股上。

甚至出现了伪价值，真情绪。

这该如何是好？

答：回归初心，回到原点。

初心是什么? 是基本面、预期差。

原点是什么? 依然是龙头战法, 第一性公司, 头部企业。

不能因为做价值股, 做趋势了, 就忘记了上述东西。如果是真的价值趋势做法, 必须在乎的是:

（1）预期差。也就是说所投资的公司还有没有想象力, 有没有高估, 所有的牌有没有都打完了。如果有, 对不起, 这不是我们要的价值趋势做法, 而是打着价值趋势旗号的情绪战法。

（2）龙头。不能因为做趋势、做价值, 就忘记了第一性, 毕竟是龙头战法, 做趋势类股票更讲究的是其中的头部企业。如果不是头部企业, 稳定性要大打折扣。

这两个东西可谓根本, 离开了, 就不是真正的转型为价值, 而是按照道听途说来炒股, 或者重回技术分析而已。

很多人以为涨停板不好做, 天然以为趋势好做, 于是在一堆研究员和基金经理的洗脑下, 买一堆所谓的好股票。结果呢? 我们看看图 3-4 至图 3-7 呈现的几个案例。

它们曾经在其高光时刻被无数的研究员和研究报告吹为价值和趋势的典范, 现在不堪入目。

问题出在哪里?

并不是从情绪转型为价值的路走错了, 而是价值路上的细节没有把握好, 没有真正在乎基本面落差和预期差, 而是做了一个几乎没有任何估值优势的投资。

图 3-4　沃森生物走势图

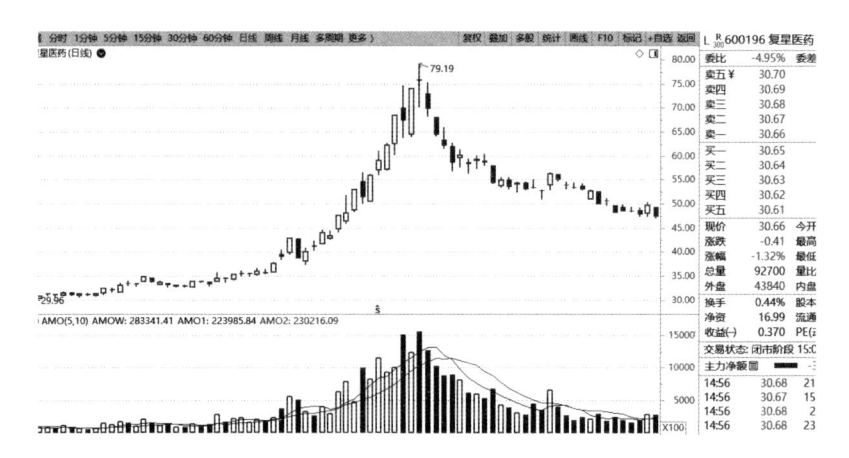

图 3-5　复星医药走势图

图 3-6　闻泰科技走势图

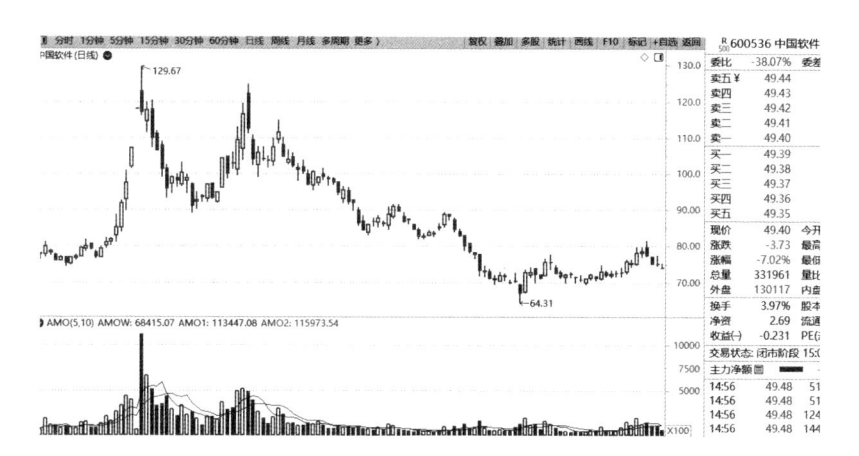

图 3-7　中国软件走势图

转型做价值，并非转型道听途说，也不是转型为读研究员的研究报告，而是要有真实的研究能力，特别是判断公司是否被高估的能力。

如果没有这个能力，从情绪到价值，很可能是从一个坑跳到另外一个坑。

当然，这方面我也要与所有的同人共勉，共同警惕价值路上的各种各样的坑。

所以，投资是一个没有终点的马拉松。

在这个路上，很荣幸与你同行。

基本面与情绪面：谁才是星辰大海？

不否认 A 股还有很多情绪面的东西，但经过一段时间的演进，我们可以明显地看到，情绪面的影响在下降，基本面的影响在上升。具体表现为：

第一，头部垄断。

每当一个赛道发力的时候，市场选择基本面最好的股票，也就是龙头企业垄断市场行情，而不是情绪股最好的充当旗手。

当然，这是一个过程，情绪面和基本面的博弈有所反复，有时候市场也会去寻找一些情绪面的股票。但，整体来看，赛道只要发力，该赛道内基本面最正宗的东西，总是最好的。

第二，碰瓷力量减弱。

当然，情绪和基本面的转化不能一日完成，赛道发力的时候，市场也会寻找情绪高标去做，碰瓷一个热点和概念股，但这种碰瓷的比例在下降、难度在增加,成功概率在下降。

相反,赛道内基本面最好的股票,其比例在增加,难度在下降,成功概率在提高。

正反一比较,很明显:基本面的话语权在加大,情绪面的话语权在降低。

第三,性价比:独乐乐与众乐乐。

情绪股一旦错了,回撤直接是核按钮,甚至是几个核按钮。基本面的股票呢,一旦错了,就错了,大不了回撤三五个,基本可控。只要你不是最高点最后一天去买。一旦对了,可以跟随趋势,享受浩浩荡荡的星辰大海。

当然,情绪类股票对了可以享受冲天炮,享受快意恩仇。但,那是建立在试错的基础上,而情绪个股的试错无论概率还是幅度,都是很大的。可以说是一将功成万骨枯。

我经常统计一些情绪股,发现很多情绪股即使今天涨停了,你也不能保证第二天不被莫名其妙地搞到一字跌停板,或者开盘秒砸跌停。

而基本面类的股票呢?则很少发生这种情况。

情绪类股票做得好的,往往都是一些骨灰级的老手,同时配合资金优势维护盘面。

一个是独乐乐,一个是众乐乐,你说哪一种好呢?

一个吃相文雅,相对讲武德;一个吃相难看,相对不讲武德。你喜欢谁呢?

当然,我并不是说情绪化的方法就此退出历史舞台,这种玩法一定还会存在很长一段时间。就像香港的仙股和涡轮，也有很多人玩。

但我发现一个现象，很多游资长大后，逐渐就加入基本面队伍，慢慢退出情绪化队伍。或者说，布局在基本面上的资金在增加，参与情绪股的资金在减少。

难道仅仅是因为资金体量的变化吗？

难道就没有市场风格转变，他们被逼转变的成分吗？

那些靠情绪起家的，当然知道情绪怎么玩，为什么他们都在转型呢？

还不是 A 股的风格在变化。

我是搞龙头交易的，我密切注意市场的一举一动。对这种现象我很早就注意了。

很多人分不清龙头的本质，总是用情绪定义龙头，用身位、高度和连板来定义龙头，虽然这种定法暂时还有一定市场，但必须思考未来。

我们必须学会从价值的角度去看龙头。

比如，以前的口罩股，我不认为是情绪面推动了口罩股，我认为是强大的基本面，特别是需求面的巨大革命，刺激了口罩股。

同样是口罩股，为什么选择泰达股份、道恩股份、振德医疗，而不是其他？

是基本面和受益程度在发力。

再比如，核酸检测，涨幅最风光的为什么是九安医疗和热景生物？是因为它们有基本面作为定海神针。

再比如，Chat GPT 为什么最终挖掘到算力，也是基本面在引导。

当然，其中也有情绪的成分，但主要矛盾逐步转为基本面。

所以，我在《龙头信仰》一书中提出重新定义龙头，提出龙头四维，其中第一个维度就是：

价值性！

所以，我本人也加大对基本面、产业面和头部企业的关注和分析。

当然，重视基本面，并不等于完全依赖基本面炒股，也要考虑市场选择和周期。但这里的周期是不是应该加大对机构周期的分析，而不仅仅是分析情绪周期呢？

经常有朋友跟我讨论龙头，我发现虽然都用"龙头"一词，但对其理解千差万别。

其中，很多人把高标股晋级做法叫龙头战法，也有人把打板叫龙头战法，等等。

别人怎么叫我们不好评论，但我以为，既然叫"龙头"，是不是就应该拥抱最强大的力量、跟随最强大的未来呢？

谁的未来是星辰大海，
谁的力量能够调动千军，
谁的话语能主宰市场，
谁才应该是龙头。

白马龙头：第一性、领涨性、价值性

情绪连板类型的数板战法，越来越失去信众，最根本的原因在于其形式主义的思维观以及参与资金的内卷本性。

于是，大多数人都把目光投向了白马趋势股，并称龙头战法失效了，开始做价值股了。

其实这种认知是不够的。

白马趋势股，其龙头效应是非常强大的。或者这样说，龙头战法本来就包括白马龙头这个类型，只是数板情绪龙头一度让人误以为只有情绪那个类型的才是龙头。

这个道理我在《龙头信仰》中有多次论述。

来到价值股、趋势股，我们不但不应该放弃龙头思维，反而更应该加强龙头思维。只是，此时的龙头定义不要再用情绪卡位那一套理论了。那用什么？

九个字：第一性、领涨性、价值性！

- 何谓第一性？就是一马当先、率先冲锋，当仁不让，第一个破局。
- 何谓领涨性？就是号召力，一支穿云箭，千军万马来相见。它的上涨带起无数响应者，一呼百应。
- 何谓价值性？就是师出有名，标的是实实在在的行业翘楚，不是蹭上去的，不是擦边球，标的具有无可争议的行业地位和实业基础。

Chat GPT 以及后来衍生的算力的炒作，就非常经典地诠释了这种定龙头的方法。

从 2023 年初到一季度末，该概念经历了两波（注意，情绪周期流派已经经历了无数次冰点和高潮，但从白马趋势的角度看，其实就两波），第一波的龙头是海天瑞声，第二波的龙头是寒武纪，穿越贯穿的是三六零。这三个股都具有典型的非数板性，与情绪龙头思路完全不同。但，它们三个都贯彻了典型的"九字真言"性：

都具有第一性，启动的时候第一个站出来，率先冲锋；

都具有领涨性，因为它的涨，同板块都被拉起来了；

都具有价值性，在那一波同类属性的股票中，它们是基本面比较正的公司，能引来公募、私募和民间高手的共同认可。

这三个维度同时加持，就是白马龙头的范式。三者中：

- 价值性是底蕴。这一点也是争议最大的，因为很多没有价值或者价值不是很突出的也成了龙头。为什么我还反复强调它，是因为价值性是纲，是温床，虽然价值弱的股也有成为龙头的，但是随着时间的演进，慢慢强调价值性这个大的趋势没有改变。
- 第一性是龙头的灵魂，是龙头之所以是龙头而不是普通价值股的根本。并非所有的趋势股都是龙头，必须赋予趋势以第一性才是龙头。
- 领涨是影响力。所谓领涨，就是带起板块，就是板块的共同富裕。如果只是一个股的舞蹈，那是独角戏。只有一起舞蹈，才是龙头风范。

这种确定龙头的方式，就是白马龙头的逻辑。

我曾经把这三个再加上市场性，并称为龙头四维。现在之所以把这三个单独拿出来说，是因为我觉得这三个最重要。

当然，加上市场性也不多余。只不过，第一性和领涨性本身是市场性的表现。

这，就是我的白马龙头哲学观。

龙头再认识

龙头本质上是一段"势"的载体与表达

  高手谋势不谋子，俗手谋子不谋势。
  这是非常重要的一句话。记得当时我分享这句话后，什么样的跟帖都有。有的说难道"子"就不重要吗？成败在细节呀！云云。
  我没有去争论，因为人家本身也没有错。但关注的点不一样，战略维度不一样，重心不一样。
  势和子的地位以及值得分配的注意力资源的比重绝对不一样。谋势不谋子，并非否定子，而是更强调势。
  其实，这个道理不难理解。
  当我以为知音难觅的时候，看到了下面这句话，顿时眼前一亮，这是高人呀！

  龙头的本质是一段"势"的载体，忽略内在，单从分时强度执行交易，成功率不会高的。

当然，这句话并非是龙头的全部定义，但从势的角度，我觉得它说出了龙头的本质。

恰好最近有个例子，那就是大港股份。

前几天，很多人期盼大港模仿中通客车，而结果呢，事与愿违。为什么？

原因当然很多，其中一个很重要的原因就是"势"不同。

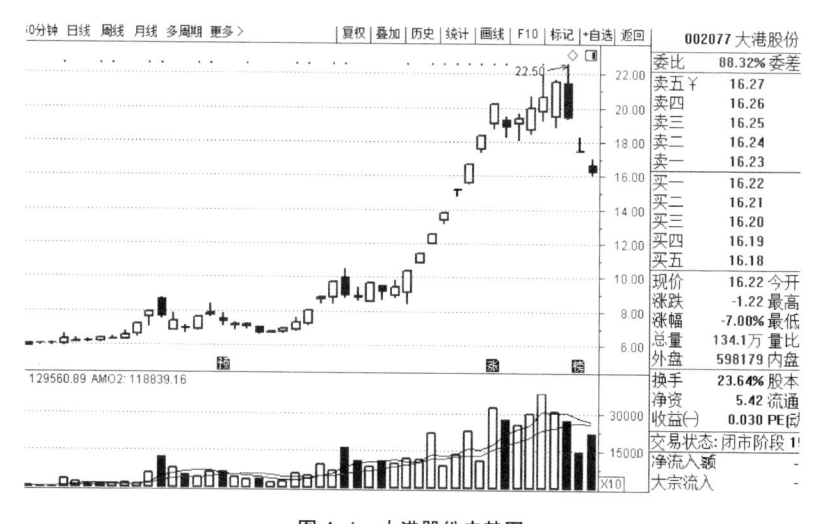

图 4-1　大港股份走势图

中通客车能够走二波，且不洗盘硬走，本质上是受益于那个时候新能源汽车赛道以及国企改革概念的无限加持，受益于那个时候的 β。

而大港股份呢？谁来帮扶？

不能因为大港股份的形态与中通客车神似，就认为它是第二个中通客车。如果这样想，说明还停留在技术分析层面，把龙头当成一种技术的载体和表达，而没有搞明白，龙头的本质是势的载体和表达。

这是两种思维方式和价值观。

当今，龙头战法一词几乎被滥用，仿佛大街小巷都是龙头，但真正去深究龙头本质的人并不多。在使用龙头一词的人群中，大多数把它当成一种技术或者模型的表达，比如数板、看图、分歧转一致、固定模型等。

其实，这是谋子，不是谋势。

当然，谋子在有些时候也能碰上龙头，但从深刻度上来说，并不是龙头的本质。毕竟损坏的钟表一天也有两次是正确的时候。

势才是龙头背后最强大的动力。

这个势，最好是来自主流板块的力量，是来自 β 的力量。

君安臣贤：龙头的权力结构

龙头战法不是超短，也不是长线，而是抓住主升浪那几天。通常，那几天是一两周不等，短则三五天，长则二十多天。

所有的龙头都有自己的寿命，无论是翠微股份、浙江建投、中国医药，还是未来的某个股。

所以，龙头战法并不是机械的、呆滞的"从一而终"的战法，而是及时翻身换马的战法。

通常，龙头的寿命——我也称之为龙头的"大限"——到来的时候，会有非常明显的信号，其中最明显的就是分时图杂乱无章，几乎没有小弟来护驾。

当小弟落荒而逃后，龙头必须第一时间组建班底，重新恢复板块建制，否则，龙头自己也将不再"称王"。

这个道理也可以反过来推，如果小弟踊跃护驾，新生力量风起云涌，那么龙头可以永葆青春。

这个道理，其实和我们看古代电视剧是一样的。

只要名将还在，肱股大臣还能舍命护卫，江山就会一直岿然不动。

比如，郭子仪护卫大唐，于谦护卫大明，曾国藩护卫大清，无不如此。

当我们搞明白这个道理，就会知道，龙头战法其实就是权力格局在股市里的投影。

这个投影的核心，是确定谁是君，谁是臣。

然后呢，就看，君安否? 臣贤否?

龙头更是一段"势"的建设者和超越者

前面文章,引用了一句话:龙头的本质是一段"势"的载体。

重点讨论龙头对情绪的承载和表达时,我曾说过这样一句话。当然,这句话并非对龙头的全部定义。

可能很多人没有注意这句话,不过也没有关系,今天就来详细地解释余下的内容。

我写文章有个特点,就是每篇文章都有"偏性",因为没有偏性就没有"药性",就无法"治沉疴重疾"。为了矫枉,往往会过正。

大而全、面面俱到那是专著、是系统的书的风格,而不是单篇文章的风格。作为单篇文章,重要的使命是单刀直入,解决某一个"沉疴顽疾",所以有时候攻其一点不及其余。

面对只在乎所谓技法和局部细节现象,我觉得有必要校正,于是从"势"的角度来唤醒大家对龙头整体的认识。这就是写上一篇文章《龙头的本质是一段"势"的载体和表达》的缘由。

但那篇文章只说明了龙头的一种属性，那就是承载势的属性。而事实上，龙头还有另外一种属性，那就是"超越性"。本篇文章就重点来谈谈超越性。

什么是超越性呢？

超越性是指龙头不是被动地去表达、去反映情绪和势，而是去主动制造势、建设势。或者这样说，龙头除了是势的承载者和表达者之外，还是一段势的唤醒者、开山者、建设者、助澜者、最大受益者、最终殿后者。

何谓唤醒者？

答：龙头往往是势的提前信号，它能早于其他股为势暖场。正所谓春来我不先开口，哪个虫儿敢作声？

何谓开山者？

答：龙头往往会开启一段势，是势的贡献者，当然后面也是势的受益者。

何谓建设者？

答：龙头不是简单地被动地呈现和承载一段势，而是积极地维护势，特别是关键关口，龙头具有护盘的作用，而不是落井下石。龙头在重大危急时刻，具有扶大厦于将倾的一面。或者说，龙头是一段势的脊梁。

何谓助澜者？

答：龙头会对某段行情推波助澜，把势放大。龙头不满足对势的一比一呈现，它喜欢成倍地放大行情。

何谓最大受益者？

答：龙头是一段行情和势力的最极致表达，这种表达反过来也让它最受益于这段行情。我们经常听到的一句话就是这个意思：你不能从龙头上赚到钱，那么这段行情就很难赚到大钱。行情来了，浪费什么都不能浪费龙头，因为龙头是行情内最大的受益者。

何谓殿后者？

答：一段行情的结束，龙头不是最先撤退者，不是逃兵，恰恰相反，龙头往往是最后一个撤退的，它是一段势的守候者、殿后者。表现在市场上，龙头往往最后一个死。做龙头有格局，正是因为龙头经常扮演殿后者的角色。比如，九安医疗、中通客车、大港股份，都是那个赛道最后的守护者，不到万不得已，它们不会提前下跌。

综合起来，在一段行情中，龙头能够对"势"进行极致表达，这种表达不但体现在它能完美地承载一段势，更体现在它能对势进行建设和超越。这种超越最大的表现就是它参与制造势，而不仅仅享受势。当然，一旦势成，它又是势的最大受益者。

强调龙头是一段势的承载者和表达者，是强调龙头离不开势，特别是龙头的后期，也就是龙头老了的时候。而强调龙头是势的超越者，是强调龙头与其他股票的差异性，龙头毕竟不是普通的股，它参与打江山，参与造时势，且具有"挽狂澜于既倒、扶大厦于将倾"的风骨。

当然，不可无限拔高龙头的超越性，因为无限拔高就会脱离势。也不可把龙头当成对势的被动反映，因为龙头从来都不是老实的主儿，它无时无刻不想表现自己的领袖气质。

如是，方能全面地理解龙头！

谈谈龙头思维

最近，跟很多朋友交流，发现很多人对龙头有误解，也发现很多人口口声声谈龙头，其实不是做龙头的。

当然，我并不是说做龙头就棋高一着。其实，所有投资方法都能大成，如果悟性较高且勤于总结，都可以自成一家，且稳定盈利。

只是，我本人以分享龙头为主。虽然我也会分享其他技术和细节，但是我的重点还是围绕龙头。所以，有必要我把龙头思维跟大家分享一下，以免交流过程中，产生不必要的误会。

什么是龙头思维？

就是做龙头这个类型的股所应具有的价值观和思维定式。

谈龙头思维，就不得不谈其他几个流派的思维。

第一个流派：价值派。所谓价值流派，就是认为基本面和企业价值决定股票价格。那么这个流派平时做什么呢？就是到处去挖掘企业的基本面。当然，价值流派有长线，也有短线，只要认可基本面决定股价，就是价值派。价值派的思维是到处找基本面的变化，认为价值就是生产力。当下为什么流行那么多小作文？其实大多数就是默认这个流派是对的。因为小作文就是分析企业的基本面，让你看看这个企业有多好，那意思就是说，这个股会涨。

小作文正是利用人的这种心理，到处普及一个股票的基本面，特别是那些你不知道的。这就是价值思维。

第二个流派：信息派。信息流派认为，信息决定一切，如果有一个我知道但你不知道的东西，那我就可以赚钱。信息派以勾兑各种信息为主，其分享的内容，大多数就是人家前几天都知道的，你今天才知道的东西。

第三个流派：技术派。技术派大家最不陌生，几乎大多数散户是技术派，就是喜欢看图，看形态，看指标，一会高了，一会低了，一会金叉、一会儿死叉……这个流派在国内大行其道，因为各路书籍和老师也喜欢按图索骥。这个流派认为，技术图表或者技术指标决定一切。他们就是看图炒股。当然，这个流派也有高手。

第四个流派：潜伏派。所谓潜伏派，就是喜欢在某个位置潜伏进去，等待爆发。自己不追高，喜欢按照基本面潜伏或者技术面去潜伏。

第五个流派：挖掘派。挖掘派其实是属于信息派和价值派的交集。他们按照基本面挖掘一个你不知道的信息，然后自己想买，买完了通过各种媒体推送给你。

第六个流派：龙头派。龙头派也就是市场派，就是做市场选出的股票。

谈到龙头派，我们就要在这里多谈谈龙头思维。因为龙头派区别其他流派的，就是其独特的龙头思维。

龙头思维认为，无论是基本面、信息面还是技术面，无论它已经涨了几天，统统不管，只要它成了市场"公共"的股票，那么龙头派就去参与。对于龙头派来说，从来没有买晚一说。龙头派不在乎前面某某某、谁谁谁已经赚了多少，只在乎这个股还能涨多少，这个股目前是不是市场的核心。

用房地产开发来打个比喻。从土地到住房，经过几个环节，一个是卖地的那一块，一个是开发商那一块，还有一个是房地产销售代理的那一块，还有一个是炒房的那一块，最后才是住客。龙头思维从来不去管卖地的赚了多少，房地产商赚了多少，只管房子在市场上还是不是抢手货，买来房子后，还能不能享受房价暴涨。

类似于各赚各的钱，互不眼红。

龙头思维就是看市场行情，看房子的火爆程度，而不是算计人家卖土地的人赚了多少。

从这里我们可以看出，龙头思维所选的股，往往是已经被市场证明了的"公共的股票"，它不在乎谁挖掘的它，也不在乎谁已经走了，更不在乎谁吹它，或者谁唱空它，它只在乎市场，它相信市场的共同选择和市场未来的主线方向，只要这两个东西对，它不在乎任何外人的眼光。

所以，真正做龙头的，不需要去在乎噪声，要在乎，就只在乎龙头与市场整体的共振，就是那种牵一发而动全身的共振。

只要这个处理好,别人的观点,爱咋地咋地。

在龙头面前,管它什么吹与踩。

龙头立于天地之间,只在乎天地灵气,只受电闪雷鸣的影响。

那种受到自媒体文章和其他吹票、踩票影响的,根本不是龙头,而是宵小之辈类型的股票。这个道理想明白了,才真正明白了龙头是什么。

龙头就是"公共产品",任何单一声音,都影响不了它。

它是"公器",而非"私器"。

龙头深度思考（一）：从天地造化到流水线产品

很多人喜欢各种眼花缭乱的变幻，比如卡位、高低切、分离、补涨等。

其实，变幻的花样越多，越不利于一轮行情走高走远。

根据对市场整体生态和大局的观察，我发现，一轮行情的质量和价值，最在乎的永远是主帅，即龙头。

如果某轮行情主帅明晰，主帅自身素质过硬，主帅不断对周边想卡位和想高低切的股形成碾压优势，那么，那轮行情肯定能走得远。

相反，如果各路游资放着主帅不去拥护，各自培养各自的重仓股为分支龙，"军阀"混战，谁也不服谁，那么，此时每个游资都是"精致的利己主义者"。看似每个游资都最聪明，谁也不愿意给谁抬轿，但其结局可能是最差的，行情走势可能是最烂的，空间高度可能是最小的，跋涉征程往往也最走不远。

对龙头的认可和对龙头利益的维护，其实决定短线人的综合利益。对龙头越是拥护和认可，赚钱越容易，行情越大。对龙头越是抛弃和踩踏，对卡位和补涨越是热衷，行情越小，赚钱难度越大。

最近的龙头战法为什么难做？一个很重要的原因就是，看似人人嘴里都在喊龙头信仰，喊什么龙空龙，但是很多人只要发现卡位或者补涨，马上切过去，龙头被晾到一边，不再维护。其结果是，老主帅不去拥护，而新主帅仓促粉墨登场，关键是新主帅第二天也面临被其他人拥护的另一个新主帅取而代之的局面。于是乎，龙头如同黑瞎子掰玉米。

有人可能会说，因为监管呀。

是的，这个时候龙头特别怕监管。但，历史上哪个超级龙头没有被监管过？以前的龙头，也都是被监管的呀。对抗监管和利空，对抗Ａ杀，本来就是龙头信仰应该有的风格和秉性。如果一监管就完蛋，这哪里还是龙头？

铁骨铮铮方为龙，见风使舵不丈夫。

即使监管，哪怕不涨，也不能让龙头Ａ杀呀。龙头Ａ杀是不维护主帅的表现。而不维护主帅最终的结果是，所有的切换和补涨类的"山大王"，终会失去后来者的维护，所谓"后人哀之而不鉴之，亦使后人而复哀后人也"。

现在的龙头战法，在某些地方已经远离"龙头"精神了。

现在更多的是"数板＋卡位"轮动战法。特别是卡位和补涨最为盛行。

当然，你非要把它说成龙头也没有错，因为龙头这个词是一个任人打扮的小姑娘。

伟大的哲学家维特根斯坦说过：

> 我们的思维总是被词语误导，我时常感到在说话的时候，经常需要把词语从我们的交流中拿出来，送去清洗，再重新送回交流中。

"龙头"一词，就是最容易被各自理解的。不信，你问你身边的3~5个人，什么是龙头，当下龙头是谁，当下有无龙头，哪怕这3~5个人都是龙头选手，答案也往往不一，特别是在2023年这种情况下。

因为2023年的龙头一词，已经变得"各取所需"了。

记得炒游戏那段时间，我跟几个经常上榜的大游资交流，大家提到龙头，居然每个人说的不一样。这个时候，龙头还是龙头吗？

我曾经跟A股龙头战法领域类似"爷叔"这样段位的人请教过，我问：

您那个时候的龙头，跟现在的龙头有什么不一样？

"爷叔"回答道：

> 现在没有龙头，现在都是反骨。

当他说到反骨时，用的是方言，我差点没听懂，我追问了一句，是什么？

"爷叔"说：

反骨！

各路反王，谁也不服谁。

我一下子明白了。

大家看看 2023 年跨年龙字辈行情是不是反骨四起？貌似龙头很多，其实是龙头最不被拥护的时候。

以前的龙头战法，只要市场选出龙头，大家就不折腾了，就搞那个龙头。而现在，即使市场选出龙头，无数人依然各自为政、各自占山为王，龙头的垄断性、万邦来朝性其实远低于历史上很多时候。

讽刺的是，今天龙头的口号和声音却远大于历史上任何时期。当人人口里都喊龙头，其实龙头就变成了一个通用词语，而不是专属词了。

此时的龙头，

> 哪里还是指那种神战四方、收编群雄、一统江山、舍我其谁的股？
>
> 哪里还是宝剑一出，谁与争锋；篡逆不服者，虽远必诛的股？

龙头换成了，今天是你，明天是我，成了风水轮流转、明天卡位到我家的东西。

这种情况当然有原因。

首当其冲的是监管异动规则，这个要承认。

但，我觉得更重要的是自媒体特别是抖音的兴起，各大抱团和产业链的兴起，让每个利益集团都建仓自己的股，让自己的股票来当龙头，而不是让市场选的龙来当龙头。

这类似过去地方割据势力崛起，中央无法神策驾驭，于是作为龙头的中央经常被四方势力架空，出现了城头变幻大王旗的感觉。

当然，我说的也不是绝对的，即使这种情况下，龙头也具有震慑和威力，比如捷荣技术、圣龙股份依然发挥着龙头的威力。但，我们如果看到比率和概率，我们发现，卡位和补涨逆袭出来的龙，其数量和比例，已经如过江之鲫了。

这是新变化。

当然，如果那些一开始就把卡位和补涨当龙头来做，一开始就把数板当龙头来做的人，可能理解不了我的意思。因为生长在"军阀世家"，肯定觉得"军阀"就是龙头。但，凡是做龙头超过 5 年的人，肯定对我的看法有感觉。北上广深真正做龙头的人，绝大部分我都认识。我们在一起交流的时候，也经常说这个话题。大家的感觉其实跟我差不多。反倒是抖音里的"各路诸侯"，天天龙头喊得震天响，其实他们高呼的龙头，我们以前是当成补涨或者卡位的。只是现在市场孱弱，时无英雄，遂使后排成龙。

而后排成龙的结果就是，后排的后排，也等着卡它的位成为龙头呢。于是，龙头本来应该是天地造化的产物，本来应该是高贵和稀缺的天纵英才，现在变成了批量复制的流水线上的产品了。

只要你需要，就无限供给你！

龙头深度思考（二）：主帅的质量决定行情级别

如果我们站在上帝视角俯瞰行情，特别是当我们俯瞰过多轮行情之后，我们就会发现一个秘密：

　　　　主帅成色越是扎实，主帅越是选得好，那轮行情越光芒万丈，级别也越大。

如果一开始，主帅没有选好，龙头是在仓促之间选一个不够"过硬"的角色充当，那么，那轮行情就越容易一波三折，行情的级别也会大打折扣。

当然，龙头有时候是天选，主帅是谁，往往具有天缘性。

但，我们假设龙头这个角色是上帝在选，如果上帝认真一点，选一个英明神武的、正宗的、最大公约数的主帅为龙头，那么这将是那轮行情最大的幸事。此种情况下，不但龙头能够高歌猛进，补涨和后排也都能分一杯羹。

如果主帅没有选好，龙头是一个让大家都不服气的股充当，那么就容易被卡位，就容易引来"诸侯"的不满，各方势力就会心怀鬼胎，各自拥护自己的补涨股为龙，互相斗，互相不服，互相卷。此种情况将是那轮行情集体的悲哀。

因为此种情况，很有可能导致那轮行情集体歇菜，大家都白忙活。

主帅的质量和成色，大大影响一轮行情的质量和成色。

虽然，我们尊重市场，市场哪怕把阿猫阿狗、垃圾选为龙头，我们也要去做它，谁让它是市场性龙头呢。

但我们有时候也在想，市场先生能不能认真点，选一个"过硬的标的"来当龙头呀。

或者这样说，虽然我们无法决定天缘，无法决定谁是龙头，但是我们可以用脚投票：

如果某轮行情，市场先生选择的主帅是各方都认可的，那么我们就战略性地猛干，加大仓位，放手一搏。

如果某轮行情，市场先生选一个容易被卡位的股票为龙头，那么这轮行情我们洒洒水，小仓位试试算了，哪怕错过，也就算了。

市场有市场的选择，我们有我们的战略。

当市场选择与我们的战略吻合的时候，我们猛干。

当市场选择与我们的战略不契合，我们观战。

后一种情况，虽然我们失去机会，但我们也会避开很多"核按钮"。我们集中精力去抓前一种情况的出现,并把这种情况称为战略性机会。

我们看一轮行情,要抓住牛鼻子。牛鼻子就是龙头。

这里的龙头,不仅是尊重市场、跟随市场的被动服从的龙头,还是主动选择能够引领市场、带来市场飞跃的超级龙头。

这里,我们不仅是简单地在谈龙头,而且要更进一步站在上帝视角俯视龙头,带着批判思维,带着战略性取舍思维。

我们不是简单地跟随龙头,而是主动选择有的龙头做,有的龙头不做。

这个道理我在《龙头信仰·取舍篇》里说过,我们的取舍,不仅仅是龙与非龙的取舍,而是龙头之中,我们也要取舍。质量不好的,不具有真善美的龙头,我们照样可以舍弃。

这样看似可惜,实则聚焦更大的机会。

那些你看似放弃的机会,也可能放弃的是风险呢。

而那些你想控制的机会,其实很可能是它控制住了你。

不是吗?

话题再转回来,我们接着聊主帅质量。本文是想表达一个重要的理念:一轮行情值不值得做,一轮行情能否轰轰烈烈,其实是从选龙头开始就注定了。如果有幸,某轮行情选择了一个成色很好的龙头,此种龙头各个方面都无懈可击,那么这轮行情就会风风光光。如果选择一个容易被卡位、各方面都很勉强的龙头,那么这轮行情就容易多灾多难,资金就容易内卷,其结果是,谁都挣不到大钱。

一句话,龙头越是龙头化,行情越好。龙头越是互卡化,行情越差。

龙头深度思考(三):造物主,当为天下谋

其实,最近几篇文章最主要是给龙头"制造者"和"主力参与者"看的,而不是给普通的跟随者看的。

或者,我们就把这种身份称为"造物主"吧。

有人可能会说,龙头不是"合力"吗?

是的,是合力,但合力是因为"造物主"们把股票打造出来之后才合力的,并不是一开始就合力。

就像朱元璋后来成为天下共主,但他一开始首先是徐达、常遇春、朱文忠的主,后来才是天下合力。

龙头也是如此,龙头最终成为龙肯定在最后会表现为合力的存在,但龙头打江山阶段或者关键时刻,是需要主要参与者去肱骨辅佐的。

这些主要参与者在龙头上,首先是制造者的角色,其次才是合力

的一部分。

这些人内心的价值股和偏好，对龙头能走多远以及谁是龙头，有重要影响。特别是小盘股，30亿~50亿元市值，扣除不能流通的股票，也就是一丢丢的流动性，几个大游资的行为，是能影响它们的。

以前，这些制造者喜欢从一而终；但后来，这批人的价值观发生变化，不但没有从一而终的忠诚，甚至直接喜欢玩卡位的游戏，还习惯自己辅助一个人工龙干掉市场选出的天然龙。

说白了，不就是资金游戏嘛，某几个有资金优势的造物主内心可能不止一次说"关键时刻，老子选谁谁是龙"。

这种局面，就是当今的局面。

不过，恰恰这个时候，本文出来了。我要说的是这样的。

龙头有两种4种玩法，4个剧本。

剧本甲：

市场选出一个龙头，身位和人气第一，造物主不起二心，资金集中怼龙头。

剧本乙：

市场选出一个龙头，身位和人气第一。造物主一半公心一半私心，首先拿出大量资金拥护龙头，维护龙头，参与龙头，然后再拿出部分资金去布局卡位和助攻补涨，扶植自己的"自留地"和"小九九"，享受市场龙头和"自己人"的双重溢价。

剧本丙：

市场选出一个龙头，身位和人气第一，但造物主完全置龙头于不顾，二心四起，不但不去参与和拥护龙头，还以卡掉龙头为乐，纠集自己的相关利益和一致行动人另起炉灶，打造一个自己能控制的、已经布局了大量筹码的股为龙头。此时，市场选的龙头死活与自己没有关系，自己只享受打造龙头后的利益分配。

剧本丁：

市场选出一个龙头，身位和人气第一，但这种龙头所依附的题材级别小，行情也弱，自己既不去拥护龙头，也不去扶植自己的卡位龙，而是空仓不做，等待。

造物主不外乎以上 4 种剧本和心思。以前古典的龙头，是剧本甲，那个时候只要市场选出龙头，大家都不折腾了，干就是了。但后来，随着自媒体和 QQ 群、微信群的兴起，剧本丙开始登上历史舞台。自己制造龙头去卡掉市场龙。走着走着，大家发现，即使自己制造龙头，也要尊重市场选择，市场如果有自发的龙头，那么首先应该去维护市场龙头，这样做更有利于自己挖掘的卡位和补涨龙头上涨，于是形成龙头与助攻补涨共荣的局面，这就是乙剧本。但，无论乙还是丙，都有自己去"制造"的痕迹，有的清流游资不喜欢这样，于是没有大机会不做，哪怕是龙头也不去，宁愿空仓，于是就有了丁剧本。

当下，我们看看市场流行什么？

是不是乙和丙？

当然是。

好，我们把剧本和逻辑理清楚之后，再结合前面两篇文章，我们就可以展开讨论了。

首先，我们认为，丙剧本是最坏的剧本，因为丙以卡位和自有筹码为核心，是精致的利己主义者，是典型的"诸侯割据"。其结果是，你搞你的地盘，我搞我的地盘，这次你卡我，下次我卡你。都不尊王，都想做王，结果是一轮行情被折腾坏了。

因为对龙头流动性的拥护和尊重，符合所有参与者的共同利益。而丙是对自己的利益和筹码尊重，却不对市场自发龙头尊重。

其次，我们认为甲方案和丁方案符合绝大多数散户和没有信息、技术优势的人，很多老牌游资其实至今一直恪守甲和丁，他们不是没有钱去玩丙的游戏，而是因为他们钱太多了，不想因此而账户被……（此处省略若干字，自己脑补）

第三，乙方案，其实是在各方能接受的前提下，最现实的办法。既尊重市场龙头，又扶植了自己的势力和地盘，既打出市场龙头的空间，又让自己的人造龙能够补涨出空间。

第四，总而言之，言而总之，市场选择的天然龙头和一致行动资金制造的卡位补涨龙头之间是良性共振的，不是互相矛盾的。如果仅仅满足卡位的私心和自己制造龙头的功成名就，不顾市场自发龙头的情况，那么最终的结果就是哪个股都走不远。你家的卡位龙上去，别人家新的卡位龙正等着卡你，互为镰刀，会葬送一轮好的行情和大好机会。相反，如果认识到，维护市场制造的龙，就等于维护自家的补涨龙和卡位龙，认识到任何龙走出来，我们都不要去踩一脚，都不要去卡一下，那么最终的结果将是谁都会好。

一句话：走共存模式，而不是卡位模式，维护任何一个自发闯出来的龙头的利益!

其实本文已经超越了龙头的术,站在生态上去思考龙头与整体行情,特别是思考不同性质资金的共同利益。

希望"造物主"们能有这个智慧,看出其中"为天下谋"的一面。

抬轿与随礼

很多人做接力的时候，特别是做市场龙头的时候，都会有这样的疑问：

我凭什么给别人抬轿？

都涨了，为什么我还去买？

这个问题如果你一直在死胡同打转，可能永远走不出来。但，如果你换一个思路，也许马上就有答案了：

如果给别人抬轿最大的受益者是自己呢，你抬不抬？

如果不给别人抬轿，最终谁的轿都起不高呢，你抬不抬？

这么一问，答案马上就有了。

抬轿这件事，不是说你抬了就吃亏，也许抬了你自己会是意想不到的受益者。

比如，我们拿大家容易理解的房地产为例。如果某个地方出了一个楼王，别的地产商此时的想法是啥？

搞垮它？

请问，你把别人的楼王搞垮，你自己的楼盘怎么办？

事实上，最理性的做法是，自己去买一套楼王的房，维护好楼王的局面和市场信心，让楼王的故事广为流传，然后自己的楼盘就可以水涨船高地看齐了。

明白了这个道理，你还会觉得给龙头股抬轿或者维护一下龙头的流动性是在吃亏吗？

所以呀，不要做精致的利己主义者，要做你好我好大家好的利益共同体的维护者。我们要把眼光看远一点，格局放大一点，不要总想着卡位别人、按别人的"核按钮"，不要总盯着自己的那个地盘、那点筹码和那个股票，而要从全局角度来思考股市。

而全局中最大的局、最大的阵眼，就是市场龙头。（这个时候大家就应该明白，为什么我在前面写主帅质量决定行情级别的文章了吧，我是要把市场龙头是大家共同利益这个理念和利益攸关的价值观普及出去，然后大家再理解本文，就容易多了。）

维护好市场的龙头，最终受益的，一定是自己的地盘，不要害怕给别人接盘，因为你接的那不是别人的盘，而是一个共同的前景！

而毁掉别人的盘，看似自己的股票接替了、卡位了别人的股票，但你毁掉的同时也是很多人共同的前景。

同室操戈，相煎何急？

一段时间以来，很多人热衷卡位和摁别人的股票，尊王攘夷的价值股屡屡被破坏，这种做法其实是最大的短视和各自为政。虽然短期可能让自己的盘受益，但失去的一定是整个市场环境以及利他文化和共赢的价值观。

这个信仰破坏的最大表现就是总是把"为什么给别人接盘"放在嘴里。希望有识之士看到我的分析后彻底明白，任何人的盘，只要能够领涨市场、只要能够给市场提供信心和前景，我们都不要去破坏它，不但不破坏，反而还应该去为它添一把薪、加一把柴。

如此，将是龙头战法之幸，也是所有短线选手之幸，也是 A 股玩家之幸。

如此，我们就拥有了一个正反馈的龙头价值股和龙头文化，而不是人人各自为政、人人各自只想着自己的股票、各自只顾自己一亩三分地的文化。

所以，我呼吁，所有的龙头选手，都拿出气象来，升高一个境界，在维护共同利益的基础上再去追求个人利益。

善战！

在这里我特别提醒本文重点是写给"造物主"和龙头高级玩家的，本文写的不是战术，而是龙头心念和龙头价值观，是文化导向。特别强调，本文倡导的抬轿并非针对普通股，也不是针对庄股和产业链股票，而是针对"市场龙头"，针对"市场楼王"。

我曾见过好几个真正的龙头选手，人家是从来不主动砸盘，不跌停就不走，这才是气象！

　　本文所说的抬轿，不是战术上的买点，而是说文化和心念意义上的龙头心态。战术上，我们当然不鼓励无限买。我要说的真正意思是我们不要把买市场龙头和明牌当抬轿、当吃亏，不要任何时候都想着另起炉灶和各自为政，而是要想着，市场龙头与自己做的股票其实是利益相关的，维护龙头，就是在维护自己的利益！

　　你以为的抬轿，难道抬的只是轿吗？

　　那是大家共同的光景！

　　所以，今后无论村里谁办喜事、谁当龙头，我都会抬一次轿，随一份礼！

是人穿衣，而不是衣穿人

今天的龙头战法，被很多自媒体带的，几乎只认数板了。

可事实上，数板不但不是龙头的全部，反而可能把龙头战法带入沟里。

当然，我们不否认身位和数板，那毕竟是强度的证明，是市场自发的信号。

但我是说，如果"仅仅"数板，会出问题。

比如，一个代表主线，一个代表支线，它们比板，公平吗？

比如，一个代表强大的势力，一个是纯产业链的板，它们比板，公平吗？

比如，一个是超级革命性题材，一个是纯噱头，它们比板，公平吗？

……

龙头再认识

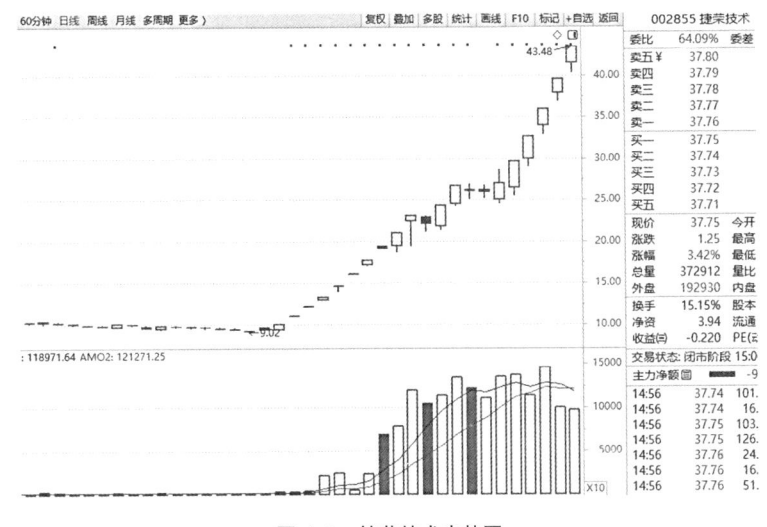

大家只要动动脑子想一想,就会明白,这绝对不公平。

图 4-2 捷荣技术走势图

这也是为什么捷荣技术(见图 4-2)碾压我乐家居,九安医疗碾压三羊马。

那,为什么很多人对数板趋之若鹜呢?

答:因为大家都这样,或者经常看到媒体教人这样。

这不行,必须"还原"。

所谓还原,就是不接受自媒体的洗脑,还原龙头本来的样子。

我辈不才,一直在追求龙头的本质和本源,今天,在这里抛砖引玉,分析一下这个问题。

1. 我们不排斥数板,因为数板代表一定的市场认可度。我们不会故意跟板过不去,故意否定板。毕竟,我们也是市场派,更是合力派。

2. 我们不唯板，我们要看到板背后的东西。我举个例子。电视剧《繁花》，里面讲出去谈生意都要穿好的西装，布料最好是英国的。我们做个比喻，板就好比西装，数板、高度板就类似高级的英国西装。通常情况，我们不了解一个人，可以通过西装来判断一个人的地位、财力和信用。但，谈生意仅仅看西装也是不行的，一定要做好商业摸底。商业摸底的结果才是合作的基石。至于西装，只不过是敲门砖、入场券。也恰如《繁花》里说的，真正有品的穿着，应该是"人穿西装，不能是西装穿人"。换在股市上，是题材和情绪确定后，来找连板，而不是逮到任何连板都高呼龙头。

3. 即使是连板、数板，也一定要结合天时。不同时候的数板，意义完全不一样。一个大事件早期的高度板，是开创性的，它代表的不仅是板数，更代表市场未来的极限和可能，并以此为窠臼制造补涨和之后的赚钱效应。而后期的板，只不过是情绪确立后，各种庄家自拉自弹的补涨而已。其筹码结构更是完全不同，前者，筹码结构几乎是平均主义，即大家常说的合力，大多数人无法做到买一独大。而后者，里面几乎都是"包场式"筹码。别说买一独大，就是全部幕后也许都是听命于一人。此种弯弯绕绕，岂是数板能道尽的？

所以，越过数板，看到背后。就像透过衣装，看清真正的人一样。做到真正的：

人穿衣，
而不是衣穿人！

当龙头不代表市场的时候，龙头战法就成了"套路战法"

"龙头"一词本来是一个高贵且带有皇气的词，提起它，应该有一种睥睨天下、一统江湖的感觉，同时也有含自然、天然、缘分的意思。

但随着互联网的传播，特别是自媒体和抖音短视频的崛起，龙头成了一个筹码制造的词汇。

所谓"筹码制造"，就是只要散户需要，按照乌合之众的喜好，给散户造一个龙头的模样，然后再配上几句口号，就成了今天语境下的龙头。

其实，这不是真正的龙头战法。

这样的游戏搞久了，会伤害"龙头"一词在股民心中的形象。很多人看了这些所谓的龙头，可能会说，原来你们说的龙头战法就是这样的呀，这不是一种套路战法吗？

如果有人这样问我，我肯定一时不知道怎么回答。

我心里知道，这就是套路战法，不是龙头战法。

龙头战法至少需要两个衡量：

1. 稀缺性；
2. 代表市场。

稀缺性就是说龙头不常有，产生龙头需要一定的条件和土壤。龙是什么？龙是真命天子，怎么可能出现得那么频繁，怎么能如过江之鲫呢？而现在，几乎是每天都有人给你喊龙头。特别是那些自称龙空龙的选手，也几乎一周出手多次，甚至每天都出手，这怎么可能叫龙空龙呢？或者说，怎么可能有那么多龙呢？

如果龙头不稀缺，那说明此龙非彼龙。

再说代表市场，这也是我今天重点想说的。

龙头要代表市场，如果不代表市场，龙头就是自娱自乐，就是一小撮人的自嗨，那么它就不是市场的龙头，而是一小撮人的抢帽子游戏，或者说是一小撮人的套路游戏。

市场是什么？市场是各种参与者和风格偏好的合集。它至少涵盖市场的主线，市场的风偏，市场的大多数人参与标的的总和特征。如果都不是，说明它没有反映市场的整体特征，那么这种所谓的龙头就容易自绝于绝大多数市场力量，其最终，也一定是容易翻车的。

有人说，你能不能举个例子说明你所谓的代表市场。

当然可以。

比如，九安医疗，见图4-3，它出现的市场，正值全球疫情严重之时，它反映了绝大多数人口的焦虑。而且，在股市上，各种医药和检测股形成市场主线，是大多数人共同投资行为的反映。此时，九安医疗不但自己涨得好，也代表市场总和的特征，此种龙头，乃真龙也。

图4-3　九安医疗走势图

再比如，江特电机，见图4-4，它走主升浪的那段时间，市场的主线是新能源车、锂电池、锂矿，而且市场风格是集体主升浪。江特的存在，恰恰代表了市场的这种综合氛围。它，也是市场真龙。

所谓的龙，古代谓之真龙天子，现在谓之主要矛盾，是全局的阵眼。既然如此，你要为龙，是不是说你要统率全局，反映整体和万众，即代表整个市场。这个代表性越整体，龙性越强。这个代表性越弱,越是"关起门来自己玩过家家",因为你不与市场整体发生关系。

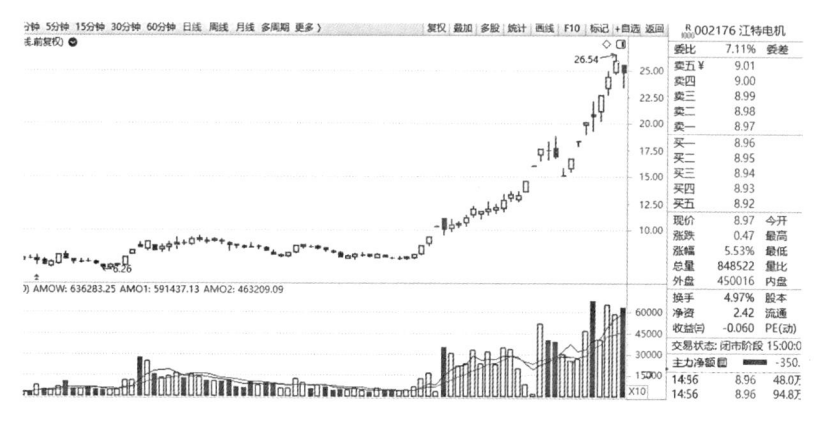

图 4-4 江特电机走势图

既然与整体绝缘,怎么能是龙呢?顶多是山大王呀。

故此,我说真正的龙头战法者是寂寞的,因为你至少要耐得住稀缺性的寂寞,同时要绕过各种数板战法的坑坑洼洼,还要提防短庄的各种套路,不容易。

而每天眼里都是龙头者,很可能陷入套路游戏而不自觉,甚至还为之摇旗呐喊。

当然了,如果你们硬要说数板和各种套路卡位是龙头战法我也不抬杠,因为每个人心中的审美不一样。

我只是想固执地让我的审美抬高一点,不要陷入各种套路的博弈。

因为我玩不过这些套路,那我就尽量不参与。

如果因此而错过几个数板龙,也就错过吧。我只抓住代表市场整体风格的龙头就可以了。

话又说回来了,那些你错过的机会,你怎么知道不是陷阱呢?

超级龙头有哪些"共性"?

每一段行情,都有属于它的见证者。

就像每一段历史,都有它的见证者一样。

回顾过往,人们往往无法记住芸芸众生,虽然他们是历史的创造者,但人们总会对英雄人物津津乐道,千古传诵。

汉有骠骑将军霍去病,唐有军神李靖,宋有千古岳飞,明有徐达、常遇春,这些军神,见证了属于他们时代的最强斗争。

如果股市也有人在百年后记载,那么每一段也都有属于它们的"军神",这些军神也都永载龙头榜列。

它们有一些共同的特征,我试图总结如下:

第一,它们都是当时情绪的寄托者,都是情绪的承载物。当情绪亢奋到无处安放,唯有龙头能容纳它们。

第二,它们都是当时主赛道的产物,都诞生在最强主线内。往前推，我们可以明确看到，疫情主线有过九安医疗和英科医疗，稀土主线有过盛和资源和金力永磁，新能源主线有过江特电机和中通客车，白酒主线有过舍得酒业和贵州茅台，碳中和主线有过顺控发展和长源电力，而今天科技主线，毫无疑问，也有几个这样的股（因为涨幅过高，我这里就不说名字了）。

第三，它们无不反复带来奇迹。龙头最大的惊喜在于，它们不断制造惊喜。

也不知道多少次，跟它们竞争的股票都被它们甩开，扔进历史的尘埃，而它们却在依然傲立于市。

也不知道有多少次，大盘风雨飘摇，冰点也被一些情绪派喊了很多次，而龙头却在冰雪中依然绽放花朵。

龙头就是那种容易让人卖飞，反复给人意外惊喜的股票。

第四，超级龙头都是"市场的股票"。所谓"市场的"，是指换手为主，让人人参与，且不是某一方独霸。它接受群众检阅，不吃独食，广泛团结私募、公募、牛散、游资和散户。它们是市场的"公共产品"。

第五，超级龙头也有见顶的时候，天下无不散的宴席，但是超级龙头总会折腾几下再出货。除了政策性监管外，它们一般不对参与者搞突然袭击，它们Ａ杀比较少，属于厚道类型的股票。

第六，超级龙头最终都会作为符号和标签，烙印在某段行情里，像胎记一样属于某一段行情独有的标识。当人们回望某段行情的时候，首先记起的，就是它。

这就是超级龙头的共性。

这次没有做到龙头不要遗憾,但我们应当记住这些特征,把它们如数家珍,记住它们的味道,熟悉它们的气质,那么在今后的行情中,自然就会识别出它们来:

那是一种英雄般的味道;

那是一种传奇的感觉;

那也是一段神奇的、像飞一样的旅行!

能涨和龙头，是一回事吗？

经常有朋友拿一只能涨的股票问我：这是不是龙头？

怎么说呢？

如果回答不是吧，它一直涨，而且，人家还拿涨的事实来挤对你；如果回答是吧，它真的不符合我心中龙头的标准，会降低龙头的调性和风骨。

能涨和龙头之间，不能简单画等号。当然，这个问题不好解释，特别是对入市不深、经验不多的朋友来说，一时还真的不好解释这其中的道道。

不过，我今天就尝试着帮大家解释下。

作为龙头，你肯定得能涨，如果连大涨都做不到，怎么胜任龙头？但能涨的未必是龙头，因为补涨的、跟风的也都能涨，而且，在某些阶段，补涨的甚至还更凶巴巴的样子。

那怎么区别呢？

主要看是否具有第一性和带领性。

所谓第一性，就是能够开天辟地，能够率先启动某个板块或者某个主题，能够为后来者提供榜样、模仿和路径选择。

所谓带领性，就是能够形成万马奔腾、烽火连城的气势，能够做到"共同富裕"和与众人乐乐。

否则，即使能涨，也未必是龙。

龙头其实是要有一定的地位和"市场"责任，有一定的使命感，它的存在不仅仅是自己上涨这么单纯的事情，也不仅仅是拉几个涨停板或者大阳线的事情，而是为市场形成一种"示范效应"和"赚钱效应"，为后来者和模仿者提供前进的方向。

只有这样，我们才可以说，它是真正意义上的龙，否则，就是一个自私的光杆司令。

当然，能上涨本身就是价值。毕竟，凡是能上涨的股票，都是有"良知"的股票，都是"有为股民服务精神"的股票。

但龙头要的不仅仅是上涨，而是"一起涨"，而是为市场指明方向的涨。或者这样说，龙头的存在，解决的不仅仅是单一的空间上涨的问题，而是要有：

为其他股谋、
为未来谋的一面。

龙头与小弟的关系：全面理解领涨和带动

上篇

  龙头战法可谓誉满天下，但同时也谤满天下。

  它仿佛七伤拳，功夫到了伤人，功夫不到伤己。毁誉之根者，在于做的是真龙头还是假龙头。

  很多人仅仅根据数板或者高度来判断龙头，这就容易把真假龙头混在一起。当然，龙头往往都会比较高，但高的不一定都是龙头。

  如果仅仅根据高度来判断龙头，那80%的假龙头都会混进龙头队伍里。这对龙头战法来说，当然是不可想象的。真龙头为假龙头背锅，就是这样产生的。

  那么，怎么筛选掉假龙头，留下真龙头呢？

  今天分享一个维度：带动性。

带动是什么？就是共同上涨。

举个简单的例子，你富了，有钱了，你的同学老乡和街坊邻居都跟着富了，那你有带动作用，你就是人中龙凤。如果你富了，但从来不带动任何人，那么你再富，都不是个人物。因为你不去影响其他人，就没有龙性。

一人得道，鸡犬升天，说的就是这个意思。

股票也是这样，有的股票虽然高，涨停板也多，但它的同属性股不跟着涨，或者说它带不动同属性的股。这样的股算不算龙头？

有时候也算，比如庄股。比如中潜股份在2020年3月就是这样。但这种庄股我们尽量不要去做，也不要把它定义为龙头。因为绝大多数时候，只顾自己涨而不带动板块涨者，更容易是假龙头。

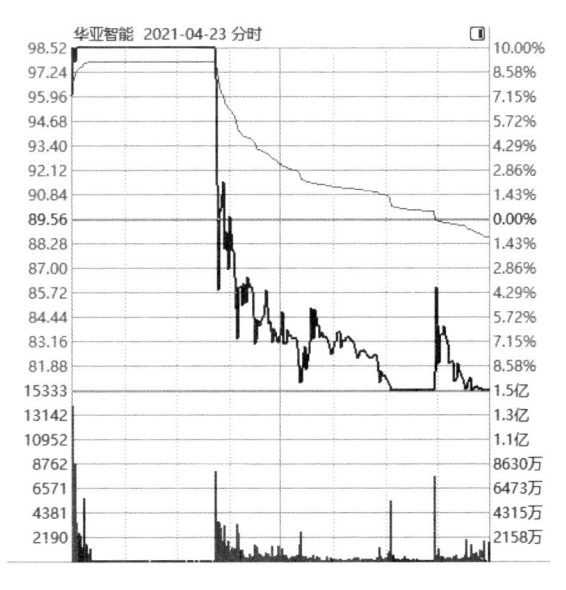

图4-5 华亚智能分时图

我们不否认独涨也可能出大妖股，但是独涨更容易出核按钮。比如 2021 年 4 月 23 日的华亚智能。它其实在前两天就已经很难带动次新了，虽然勉强拓展空间，但早已经没有龙性，仅仅靠着庄性在支撑。一旦庄不开心，反手一砸，没有一点市场合力去扶持它，核按钮一点都不冤。

历史上经典的超级大龙头，都有带动特性，比如道恩股份，带领口罩股一起拓展空间；光大证券，带领券商股一起拓展空间；王府井，带领免税股一起拓展空间；长源电力，带领碳中和股翻江倒海；顺控发展，带领所有次新股一起漂洋过海。

带动性为什么这么重要？

因为这是龙头的原教旨含义，龙头的本质就是领涨，没有带领，何来领涨。或者这样说，如果我们要做一个有原则的龙头交易者，那么我们就只去做有带领属性的龙头，那种没有带领属性但看起来涨幅咋咋呼呼的股票，即使它有可能是龙头，我们也要忍痛割爱，大胆放弃。

大舍，才能大得！

若如是，我们顶多少做 10% 的独立上涨个股，但至少可以回避 70% 以上的假龙头。

龙头战法的段位，至少可以提高一个境界！

中篇

但带动性要全面地理解。

什么叫全面呢？如下：

这里的带动是一种整体感,并不是指它每天都去带领,而是指它从整体气氛上去带领。其中有可能,某一日两日没有带领性,它单独闹革命,但之后马上又开始带领了。

我们经常看到,某个股一两天之内没有带动性,甚至小弟都还在跌,但一旦它坚持上涨,过几天小弟就又起来了,那么该股就成了带头大哥,也就是龙头,这种情况不能说它没有带动性,应该说这正是它带动性的表现。

我们来举几个案例。

图4-6是长源电力,在2021年4月8日这一天,最大的恐惧不是分时图颤颤巍巍,而是当天碳中和的很多股都暴跌,有的甚至天地板,板块效应消失殆尽。很多人说长源电力没有板块效应了,没有带动性了,就不是龙头了。

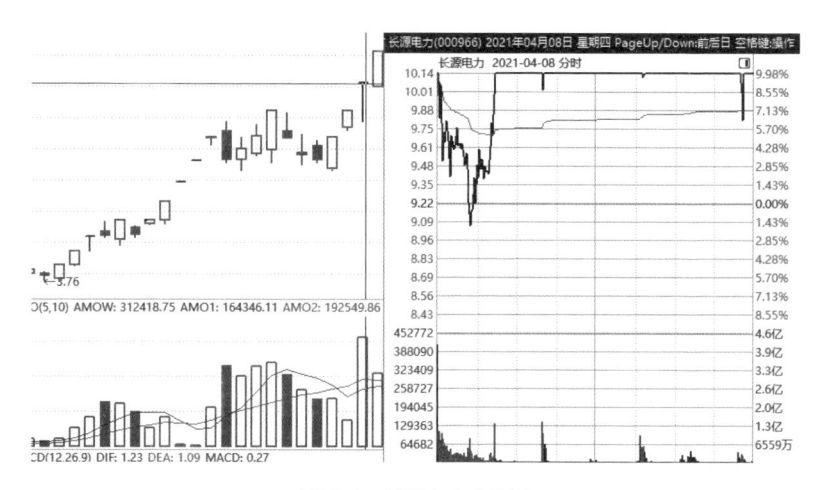

图4-6 长源电力走势图

我只能说这种认知太肤浅、太机械。

带动性并不是亦步亦趋,而是一种在广袤天地中的遥相呼应。当然,它不排斥亦步亦趋的跟屁虫。但,如果仅仅理解为跟屁虫是板块效应,是带动性,而理解不到广袤天地的遥相呼应,那就把带动性理解狭隘了。

龙头战法不是情绪战法,情绪、板块只能是服务龙头的,而不能捆绑和限制龙头。有时候龙头可以摆脱板块和情绪,单打独斗一阵子,等板块和情绪回过神来,终究会再次承认龙头,并不得不迎接龙头圣驾。

我们再看浙江龙盛的案例,如图4-7所示。

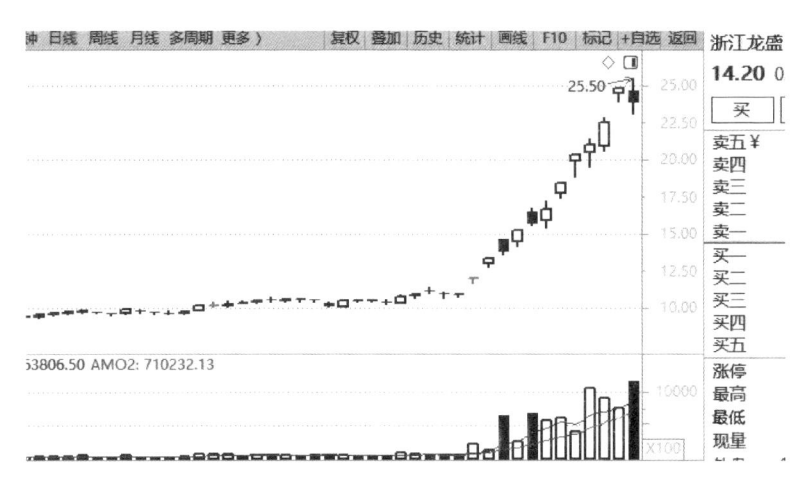

图4-7 浙江龙盛走势图

浙江龙盛当时发生了一个重大新闻,引爆该股。什么新闻呢?
彼时,苏北有一个化工厂发生爆炸,该厂的主营业务与浙江龙盛高度类似，这一下让该行业的供给侧出现巨大缺口，于是，浙江龙盛就成为受益股。

就这样，浙江龙盛持续上涨。我记得刚开始涨的时候，也没有多少板块效应，也没有带起情绪，但它就是涨。只是到了后来，江苏省停了很多化工厂，化工板块才起来。也就是说，浙江龙盛单打独斗了很久才有带动性。

所以说，带动性应该从更大的视野去考量，而不能就看一两天。

这样，才能理解到带动性的本质。

就像茅台酒一开始涨也不带动白酒，涨多了，自然带动白酒板块了。

其实，龙头战法的本质和核心是龙头，而不是小弟。我们不能因为小弟有时候掉队和阵亡，就忘记了龙头的天马行空。

龙头可以在很大程度上独立领涨一段，这一段路，就是龙头最大的魅力和价值所在。

如果每天都小弟一堆，那谁都能做好龙头。关键就是当小弟若暗若明的时候，你还能不能认识到它是龙头，并信仰之！

下篇

当然，并不是说完全不看小弟。不看小弟，硬做龙头者，往往没有整体性；但，过于在乎小弟，特别是小弟的一惊一乍都怀疑龙头者，往往没有风骨。

龙头与小弟既彼此相连，又能适度分离。

这些年，因为×××理论，很多人把龙头战法变成小弟战法，小弟不能涨了就开始怀疑龙头。

其实，这是阉割版的龙头思想，而不是真正的龙头思想。

它最大的误区在于，只认识到了小弟的反哺作用，没有认识清楚龙头的独立性，没有认识清楚龙头与小弟的适度分离性。

龙头的第一位属性是龙性，龙性的本质是带动性和独立性，即龙头首先表现为它带领迷茫的小弟，而不是小弟推动迷茫的龙头。第二位的属性才是与小弟的互动性。

很多人研究龙头，研究来研究去，甚至连小弟和补涨都研究明白了，最后把最大的主角龙头给忘了。聚焦龙头，才是龙头战法的本质。

切换战略：只看龙头切，不看高低切

龙头思维和其他思维可能不一样。

比如切换，经常有人说高低切、热点切，就是从涨高的股票切换到底部的股票，从 A 热点切换到 B 热点。

高低切有个基本假设：高了不安全，高了没有追的必要，低才安全。

热点切也有个基本假设：过于热了，这个赛道就没有价值了。换个赛道。

这个观点对不对？ 当然有它的合理性。谁也不是天生就喜欢高。

不过，龙头思维在处理这个问题上有点儿不一样。在龙头的世界里，更重视的是龙头与龙头之间的切换。

如果这个龙头涨高了，见顶了，被玩残了，不能玩了，要切换了，也不是去切换一个低位的股票，而是切换一个很有可能成为龙头的股票。

从一个龙头切换到另外一个龙头，而不是从一个高位切换到一个低位。

> 高低只是表象，切换到另外一个龙头才是本质。

如果没有另一个龙头怎么办？那就不切，不做，空仓等着。

为什么特别强调这一点？因为很多人看龙头，只从高低角度去看，以为高了就要切，低了就安全，殊不知低位股有低位股的麻烦。更重要的是，龙头信仰者，内心应该只有龙头、龙性，淡化高低。

如果某个龙头很高，但是可以继续做，没有必要切。如果某个股低，但不是龙头，也没有必要切。

如果为了低点而切换，实非龙头思维。

龙头的产生需要条件，每天热点很多，走马灯似的，但能诞生龙头的热点不多。如果看到哪个热点就去切，往往疲于奔命。

最好的做法是，看到某个赛道出现了一个确切的龙头，再切过去。这比提前加入混战好。

有人可能会说：发现龙头会不会很高了呀？

大多数龙头，当我们发现它的时候，它都已经很高了。如果没有一定的高度，无法甩开同类股，你也不知道它是龙头。

那龙头的价值何在？

——它还能更高！

龙头要的是从高到更高那一段，而不是从低到高那一段。

当然，随着龙头识别水平和理解力的提高，有些龙头我们也有可能从一板二板锁定它。但，从相对高位或者从腰位发现龙头，依然是龙头战法绕不开的路。

从龙头自身来说，如果一个股，不把同板块的股票甩开，不出现鹤立鸡群的特质，你也无法知道它是龙头。

> 龙头是一种鹤立鸡群的气质，
> 龙头是一种睥睨天下的神采，
> 龙头是一种与天比高的勇气，
> 龙头是一种聚光灯下打明牌的游戏。

而这需要一个过程，这个过程就是板块混战的过程。每天有无数个板块在轮流混战。如果看到板块成为热点就要切过去，很容易扑空。

因为明天，或者后天，也许又切换到其他热点板块上去了。

此时就高低切是很危险的。

最好的办法就是等板块混战结果出来，龙头诞生，然后去做龙头切。

此时，市场的选择，就是你的选择。

而你所选，也就是市场所选。

龙头：从一而终 or 轮流执政

一个题材热点的到来，市场常常围绕龙头进行炒作，但围绕的方式不一样。

第一种方式：选择一个龙头，中间不换，一直围绕它炒下去

比如，有段时间炒次新，就一直围绕顺控发展，其他次新股像走马灯一样换来换去，龙大就是顺控发展，一直不变。

再比如，有段时间炒券商，市场只认湘财股份，湘财完蛋，券商也偃旗息鼓。

再比如去年炒券商，市场围绕光大证券做，光大证券见顶，券商宣布结束。

再比如，呼吸机只认航天长峰，农业只认金健米业，军工只认光启技术。

图 4-8　顺控发展走势图

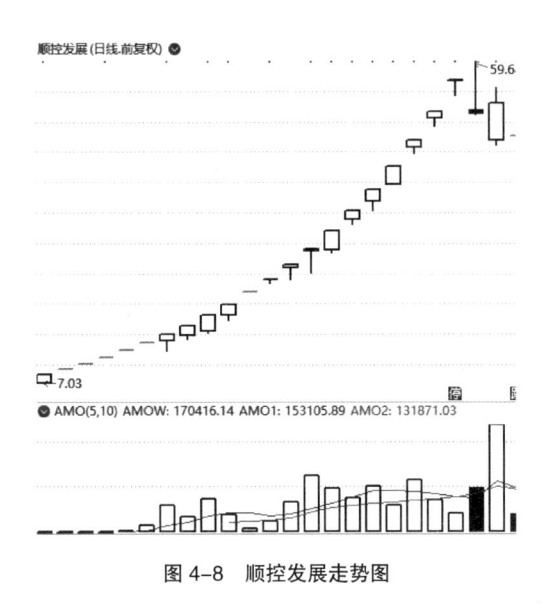

　　这里的顺控发展、湘财股份、光大证券、航天长峰、金健米业、光启技术就是它们赛道的绝对龙头，其他股票再疯狂，都是它们的跟风或者后排。只有它们能够称为龙头，其他皆为杂毛。

　　这种炒作模式，我称为"从一而终模式"。

第二种方式：来回切换，城头变幻大王旗

　　就是在一个赛道内部，不同时期选择不同的龙头。

　　比如白酒赛道，去年的白酒，一开始是金徽酒做龙头，等金徽酒退场后，金种子酒做龙头，而金种子酒结束后，酒鬼酒来做龙头。等到 2021 年，酒鬼酒结束后，舍得酒业冒出来了，而后大豪科技又来做龙头，大豪科技刚刚歇脚，海南椰岛又起来了。海南椰岛刚刚要完结，皇台酒业又跃跃欲试。

龙头再认识 235

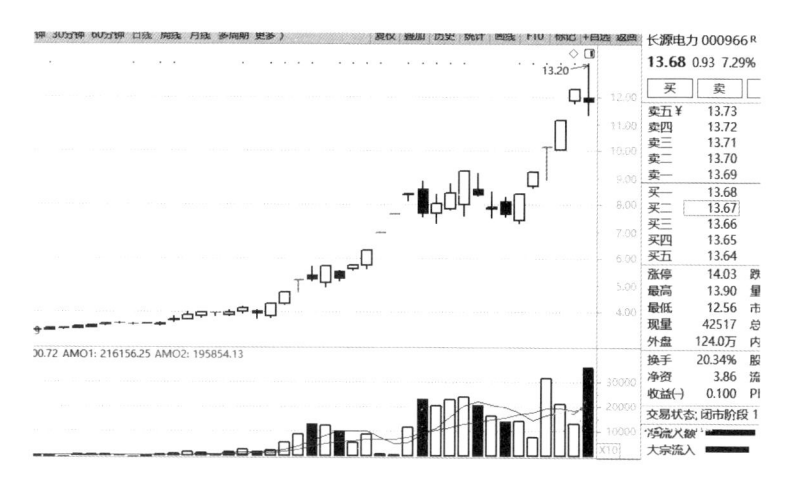

图 4-9 长源电力走势图

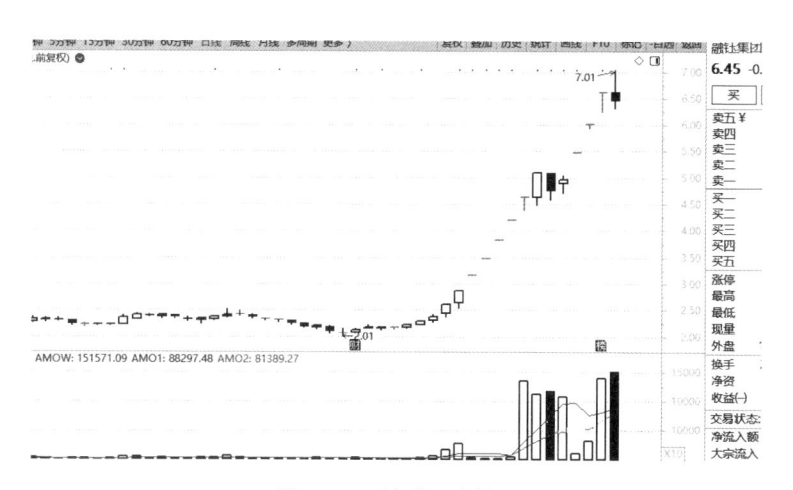

图 4-10 融钰集团走势图

当然，有人可能会说接受不了白马龙头的例子，这里的金徽酒、酒鬼酒、大豪科技、舍得酒业都不是绝对连板，用这种例子对很多人来说理解起来可能会吃力。那我们拿最近的碳中和的例子吧。最初华银电力是龙头,后来长源电力做龙头,等到再起了一波的时候华银电力又来做龙头,而华银电力似有衰竭之相时,福建金森又来了。

其实这种情况也出现在医美领域。最初是朗姿,然后是金发拉比,再后是奥园美谷,再后是哈三联,再再后是融钰集团,也是龙头不停切换和轮动。

这种模式,我称为轮流执政模式,或者轮流坐庄,其典型的表现就是龙头来回切换,不会围绕一个炒。

当然,这种切换有时候时间跨度比较大,有时候时间跨度比较小。

这两种模式相比较起来,我们当然喜欢第一种模式:从一而终,简单,纯粹。围绕一个标的来回做,不换来换去,多酣畅淋漓呀!

比如,炒次新的时候,只需要围绕顺控发展就可以了,炒券商的时候只要围绕光大证券就可以了,炒稀土的时候只需要围绕盛和资源就可以了。

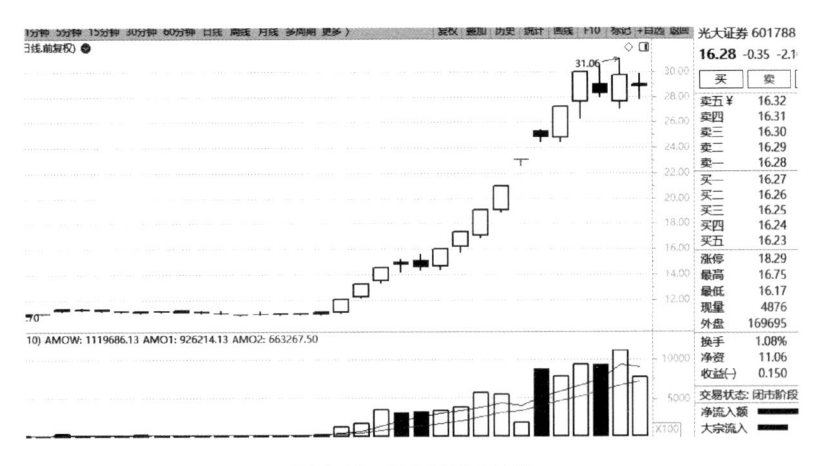

图 4-11 光大证券走势图

但事情总有另一面，龙头还有另外一种表现形式，那就是轮流坐庄。轮流坐庄其实也就是切换，只不过这种切换不是见顶的高低切换，更不是不同题材间进行切换，而是在同一题材之中进行切换。

思考这种切换的意义何在？

1. 思考龙性

在龙头战法内部有一句话：所有后排，皆为杂毛；所有杂毛，皆为风险。这句话在第一种情况下是成立的，龙头只围绕一个做，从一而终。后面出现的股票都是它的跟风。

但，如果认识到龙头还有另外一种形式——轮流执政，这句话就不能这样武断了。因为在这种情况下，后排可能会切换为龙一。龙头可能是风水轮流转，这次到我家。

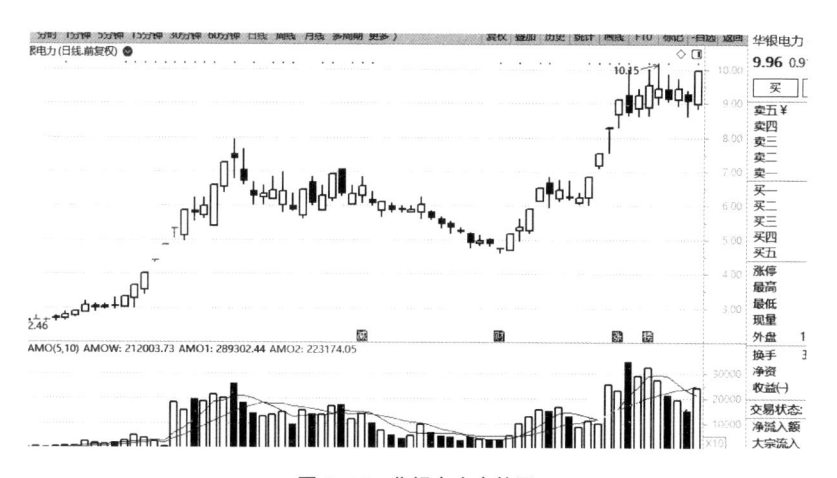

图 4-12 华银电力走势图

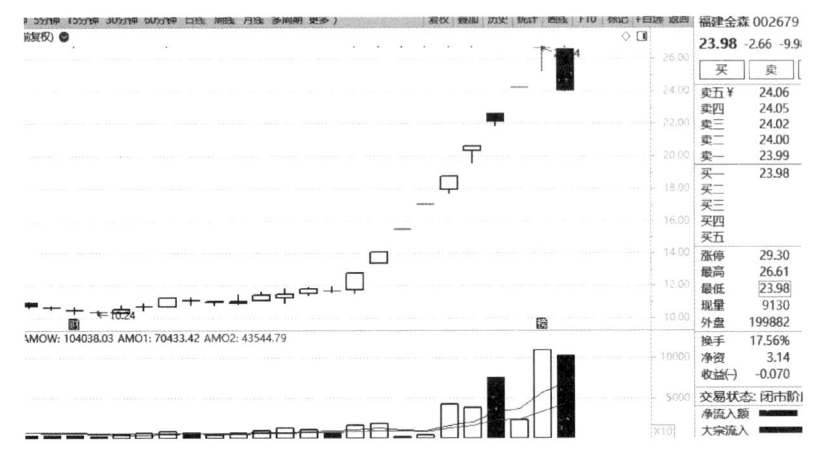

图 4-13　福建金森走势图

比如，华银电力第二波的时候，就把长源电力的龙头位置抢走，如图 4-9 所示；而福建金森的到来，一开始很多人以为是华银电力的助攻，结果它直接把自己晋级为龙大，如图 4-10 所示。世界就是这么奇妙，前排并非永远是前排，后排也可能逼宫为王。

这就使我们对龙头的思考更加灵活，也更全面。

2. 移步换景，拥抱新龙

当认知到龙头存在轮流执政模式后，我们就可以随时随地拥抱新龙头，不要在一棵树上吊死。特别是当新龙头完全压过旧龙头时，要果断抛弃前排后排思维，进入新旧龙头切换思维。如此，方可以变应变，把握龙头活的灵魂！

那么，什么情况下，龙头喜欢从一而终，什么情况下龙头喜欢轮回执政呢？请听下回分解。

资金性质决定龙头性质

龙头的切换,可以从不同的视角去归因。但我认为,从资金性质的角度去洞察,最能直击本质。

A股有斗志的资金,大体可分为两类:一类是情绪资金,另一类是运作资金。

什么是情绪资金?就是偏于一哄而上又一哄而散的资金,往往属于超短资金,它们最在乎市场的"情绪和喜怒"。

那运作资金又是什么?就是偏于布局,偏于从产业和赛道去"经营"的资金。它们不是一味地去迎合情绪,而是想办法去谋划和布局。

为了更好地厘清这两种资金的特点和性质,我多说两句。

情绪资金最在乎的是情绪的此消彼长,它们最常用的词汇是冰点、高潮、退潮、分歧、混沌等等。它们喜欢板块助攻、龙头卡位和身段晋级。

而运作资金最在乎的是布局和引导，它们最常用的词汇是产业、赛道、布局、利用、拉升、出货，公告、利好、逆向。

在情绪资金眼里，一切都是博弈，什么都可以用情绪去解释。而在运作资金眼里，除了博弈外，更多的是考虑产业面、赛道方向和预期。

情绪资金往往喜欢合力，在合力所在之处推波助澜。而运作资金则喜欢造势，喜欢步步为营和安营扎寨。

总之，情绪资金的世界观是情绪，运作资金的世界观是布局。

那么龙头是情绪资金做成的，还是运作资金做成的呢？

都有。

我们把情绪资金主导的龙头，称为情绪主导型龙头。把运作资金主导的龙头，称为运作型龙头。

需要说明的是，没有纯而又纯的东西。情绪主导型龙头，也会有运作资金参与，而运作资金主导的龙头，也会引来情绪资金的推波助澜。甚至在某些股上，情绪资金和运作资金难以彻底分清楚。

我们识别和判断情绪主导的龙头与运作资金主导的龙头，要看其主要矛盾，即造始力量和关键节点，是什么资金在拱卫和把关。

在A股里，情绪资金主导的龙头和运作资金主导的龙头，其思路和风格不一样。

情绪资金主导的龙头，情绪周期、板块晋级和空间身段比较重要。而运作资金主导的龙头，虽然也会用到上述东西，但它看问题更侧重于产业、赛道和主线。当然，有时候它们也会重叠，但起心动念和用力深浅不一样。

这种思考和分析问题的方法,就是资金性质分析法。下面我们举例说明:

- 2021年6月上旬比较猛的润和软件是典型的运作资金主导的龙头。
- 2021年4~5月份的小康股份(图4-14)也是典型的运作资金主导的龙头。舍得酒业、海南椰岛更是典型的运作资金主导的龙头。
- 2021年6月最凶猛的传智教育则是情绪资金主导型的龙头。
- 2021年初最猛的顺控发展更是典型的情绪资金主导的龙头。福建金森(图4-15)情绪型资金也比较明显。
- 华银电力(图4-16)和长源电力,是混杂着情绪资金和运作资金,前期是情绪型强一些,后期的第二波则运作型强一些。

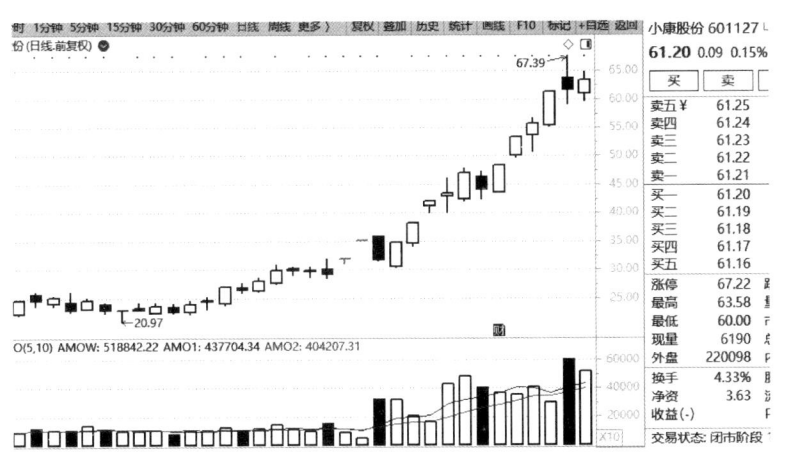

图4-14 小康股份走势图

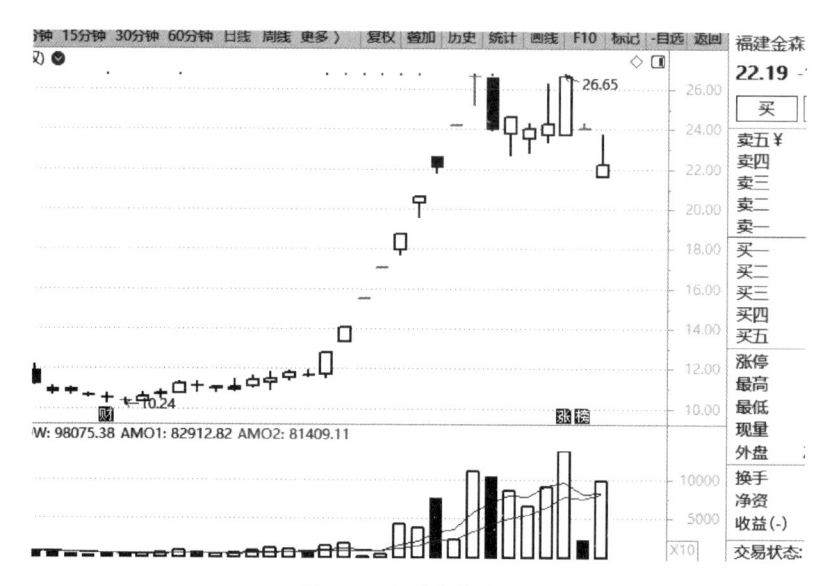

图 4-15 福建金森走势图

图 4-16 华银电力走势图

总之，资金性质以及掌握资金的人的思考方式，决定着龙头的性质。

不同性质的龙头表现出不同的切换属性。

纯情绪型的资金，喜欢围绕龙头从一而终，龙头完了，那个热点就基本废了。

而运作型的资金，则喜欢切换龙头，一个龙头玩废了，在同热点、同赛道内，再制造一个。或者说，在一个龙头的上涨过程中，下一个龙头就已经布局好了。更有甚者，多龙头并驾齐驱，不按照身段来定义龙头。

认知到这种情况有什么意义？

其一，彻底认知龙性。特别是把龙性的本质从身段和空间板中解放出来。

情绪型龙头以身段来确定龙性，但运作型龙头未必以身段来确定。

市场上流行一派，以板块内最高身段来定义龙头，其他的都是跟风。我称这种流派为空间板战法。这种认知对情绪龙头是对的，因为情绪型龙头一般不切换。但对运作型龙头则显得机械和肤浅。因为运作型龙头根本不需要按照空间和高度来定义，甚至相反，运作型龙头走到空间最高的时候，也许就是结束的时候。

运作型龙头以运作开始为标志，以启动为标志，来确定龙头。

海南椰岛是典型的运作型龙头，它拥有龙头才有的特权。所谓龙头特权，是我在龙头部落内部的提法，就是龙头才能享有的权利。比如，如果是龙头，高位至少可以抗震一次，可以反包一次，可以首阴一次，等等。

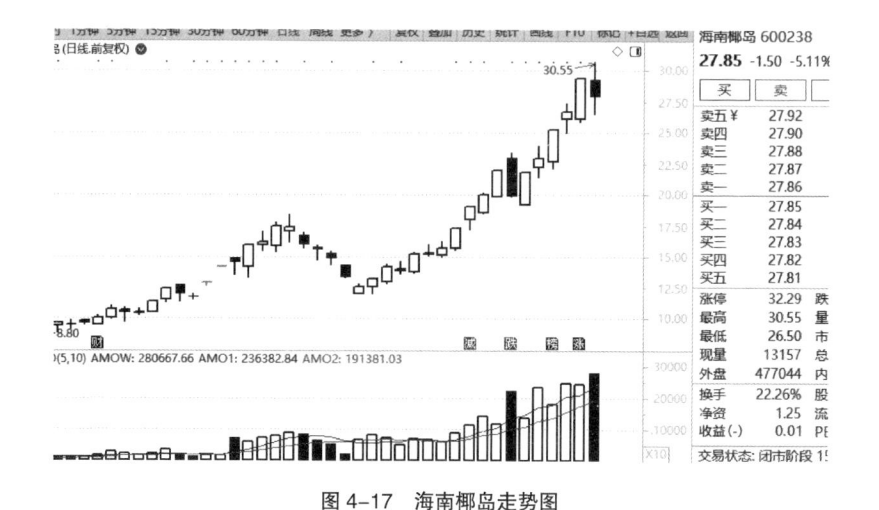

图 4-17　海南椰岛走势图

这里也回应一下江湖上一个著名的传闻：一板看出个毛，二板才能看出龙头。这句话对不对呢？

对情绪型龙头来说，有时候二板也看不出；而对运作型龙头来说，有时候一板就能看出，不需要第二板。

其实这句话想表达的意思是，只有涨高了才能知道谁是龙头，没有涨高，不知道谁是龙头。

这句话对情绪型龙头来说是对的，因为不涨高，情绪不来。而对于运作型龙头来说，并不需要涨太高，有时候在启动的时候，就知道龙性被激发了。

这里面有很多细节，今天是为了把理念和逻辑说清楚，暂时不展开案例和细节了。

刚才这段话也许很多人意识不到其中的利害和重要性，但我觉得是非常重要的，因为它涉及对龙头的定义、对龙性的认知，以及我们在什么地方确定龙头。

其二，彻底以变应变。

对于龙头战法，应该坚持一点，那就是要么做龙头（已经确定是龙头），要么在可能是龙头的股票上做（预判可能是龙头）。

问题是，龙头切换了呢？

或者说，当龙头切换的时候，我们应该把新切换的那个龙头当成跟风、杂毛、补涨，还是当成新的龙头、新的"皇帝"？

如果知道龙头的性质，这个问题就很好回答。如果不知道龙头的性质，这个问题就糊里糊涂。

比如，前段时间，皇台酒业起来了，有个朋友说不要做，它是大豪科技的跟风，是杂毛，结果皇台酒业走出了龙头的气质。而海南椰岛起来的时候，也有人说它是皇台酒业的跟风，是杂毛，结果它同样是龙头。

对于运作型龙头，这种龙繁殖太常见了，一个赛道内，多龙林立，前赴后继，没什么大惊小怪。

相反，在情绪型龙头顺控发展那里，除了它是龙头，其他都是杂毛。而杂毛的命运就是不停地被核按钮，连个反包、反弹和出货的机会都没有。那些龙头才具有的特权、属性和交易模型，跟风和杂毛半点都不配拥有。泰坦股份（图4-18）以及一堆后排，在情绪资金理解起来，无论多么能涨，都是跟风和杂毛，它们容易以核按钮结束，无法享受龙头才有的一些特权，比如高位反包、高位抗跌等等。

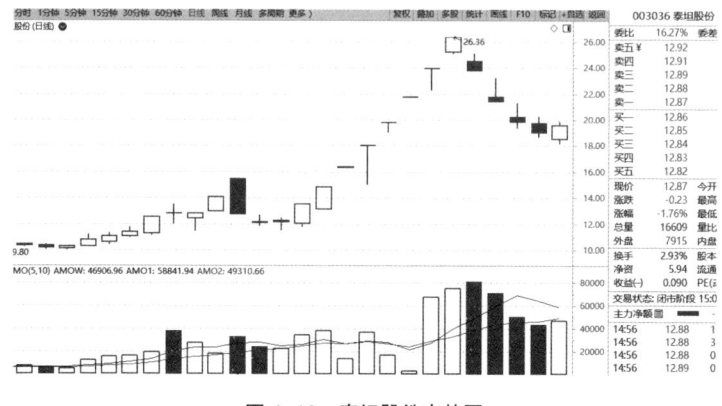

图 4-18 泰坦股份走势图

好,让我们总结下本文的核心观点:

股价背后是资金,资金背后是人,人的背后是人的价值观。从不同操刀者对市场不同的理解出发,我把龙头分为两种类型:一类是运作资金主导的,另一类是情绪资金耦合的。不同性质的资金,其实是不同的人,是他们的世界观决定着龙头的性质。

前者主导的龙头,经常切换,或者说轮流执政,一个赛道内会前赴后继涌现龙头。后者主导的龙头,因为耦合性强,几乎不切换,往往一竿子捅到底。

认识到这两种不同的龙头,对我们洞察龙性和参与龙头有重大意义。因为我们有什么样的龙性认知观,就有什么样的龙头定义,也就会去做什么样的龙头。

其实,我们选择龙头的同时,龙头也在选择着我们。因为我们是什么样的性质,什么样的龙头就吸引我们。

我们在凝视龙头,龙头也凝视着我们!

反派出演技

我曾写过一篇文章,是讲守正与出奇的。

正,是讲赛道底蕴;奇,只是个股选择。

很多股,看似无厘头,但成了龙头;而另一些股,看似某个赛道最正宗的股,结果被一个"二狗子"给卡掉了。

为什么?

其实这个问题,本质上就是守正与出奇。

"二狗子"能走出来,并非毫无逻辑,它最大的逻辑是依托一个强大的板块,也就是赛道温床。

很多人喜欢自上而下选股,选对板块和赛道,这没有毛病。但选择个股的时候,常常过于用"正"的一面选股。

这就犯了一个错误。

什么错误呢?只顾了守正,没有考虑到出奇。

我们发现，最近这段时间，某个热门板块和赛道，最终走出来的，并不一定是基本面最好的那个。比如，房地产走出来的那个妖股，并非房地产业务最纯粹的；而基建走出来的那个，也并非基建最好的公司。医药赛道就更明显了，反复澄清没有任何特效药的（某北），也经常莫名其妙几个一字板。而按计算器能够冒火（某安，某雅）的公司，往往股价让人失望。这是为什么？

这就是守正与出奇的问题了。

板块和赛道是干什么的？它们并不直接选出龙头，它们是负责暖场的。

热点板块只负责请客，客人来了怎么吃，就是客人的事情了。

这个客，就是市场的偏好和流动性。

如果只懂板块效应、热点和赛道，但是不懂守正出奇，往往会抓不住龙头，特别是过于机械使用基本面的人。

比如，某个板块好，直接就用基本面选出谁是龙头的人，就经常受伤。

为什么受伤？

因为基本面最好的那个，一定是潜伏盘非常多的，一定是某个或者某几个席位买一独大的。这些独大买入盘，一旦遇到分歧，就容易溜之大吉。

而那些基本面没有过于出色的，往往在分歧时能够依靠合力的支持，出奇制胜，后发制人。

这有点类似庄子讲的，有用的树往往给砍了，而没有用的树却留了下来。

> 散木也，以为舟则沉，以为棺椁则速腐，以为器则速毁，以为门户则液瞒，以为柱则蠹。是不材之木也，无所可用，故能若是之寿。

这也让我想起演艺圈的一句话：反派出演技。

一个演员，如果总是演正派，会给人过于刻板和脸谱化的感觉，演技难以出来。但如果演反派，形象大变，就容易把演技激发出来。很多演员遇到"好"的反派角色，会争破头。比如陈道明，大家总是以为他脸谱化，那是因为你没有看过他演的反派，比如《黑洞》的他，就让人毛骨悚然。再比如《庆余年》，此君演得亦正亦邪。

还回到股市，我发现基本面也要亦正亦邪才好。

太正了，没有预期差；太邪了，资金不敢重仓。完全邪，得不到赛道和主线的支持；完全正，容易被潜伏盘搞死。亦正亦邪，方能游刃有余。

说到这里，我们可以回顾一下已经走过去的一个龙头中国医药。

很多人可能会说，因为中国医药出公告了，所以你才看好。还有人说，中国医药会一字板结束，然后见光死，还有什么意义？

其实，这些人都不懂我真正的逻辑。并非基本面让中国医药开板后继续又涨了 5 天，而是亦正亦邪的气质吻合了独特的周期让它开板后又涨 5 天。

事实上，纯基本面未必支持中国医药走这么高，曹山石老师就算过一笔账来吐槽：储备辉瑞 Paxlovid 新冠药 10 万盒，价格每盒 1000 元多一点。1 个亿的货，5% 的利润率，500 万元利润。配送商中国医药这个月拉了十个板，市值增加逾 236 亿元。

结果呢？中国医药继续暴涨。

中国医药的股价做了周期的函数，而不是简单的基本面的函数。

其实，这个思路我认为表达清楚了，但估计能理解清楚的人未必有那么多。记得一年之前，跟超级大佬一起聚会，我就表达过类似的观点，那还是炒小康股份的时候。

一晃快一年了，中国医药这个案例又增加了我对这个认知的理解。

也不知道下一次，下一个"中国医药"什么时候能到来，就像一个演员在等一个好的角色，一个导演在等一个好的剧本。

为什么最近龙头爱玩切换

相比 2020 年，2021 年的龙头喜欢玩切换。比如：

华银电力龙一走得好好的，突然被长源电力斜插一杠子，抢走龙一位置（见图 4-19）；而顺博合金曾被寄予万兴科技的联想，但被顺控发展干掉（见图 4-20）；中材节能也是最好的龙头品种，后来连菲达环保都不如（见图 4-21）。

2020 年这种现象并不多。2020 年龙头的规律更多的是从一而终，所有的后排跟风都是臣服在龙一旗帜下，为龙一摇旗呐喊。

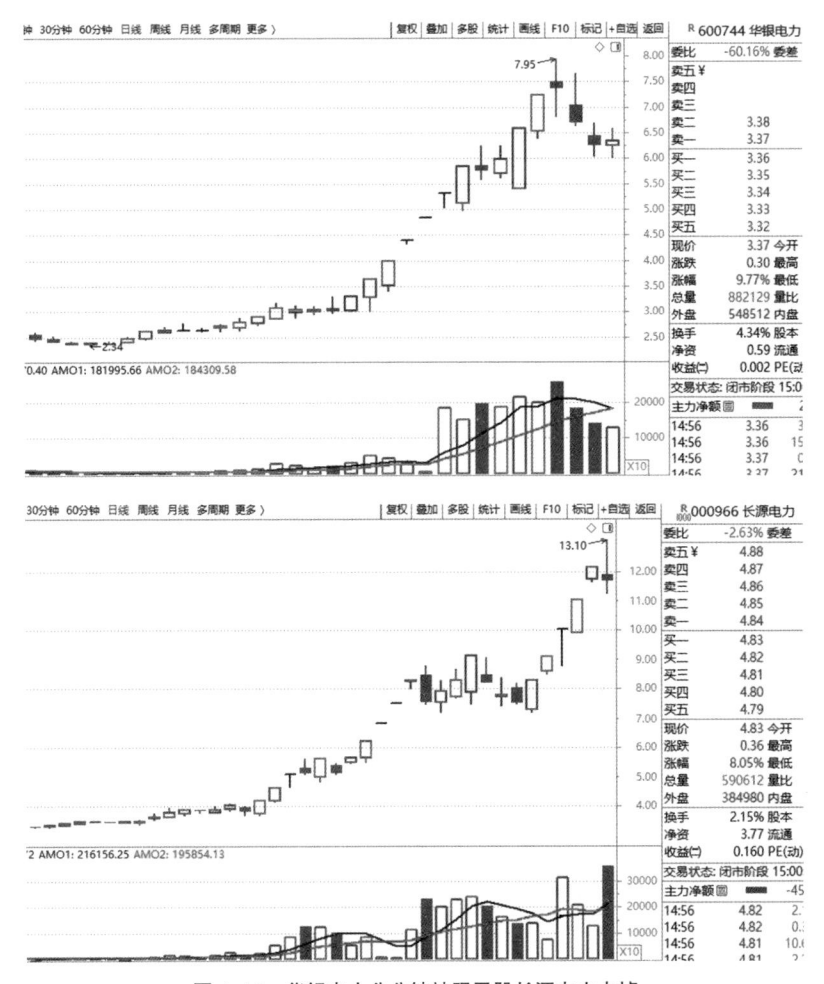

图 4-19　华银电力分分钟被跟风股长源电力卡掉

龙头再认识

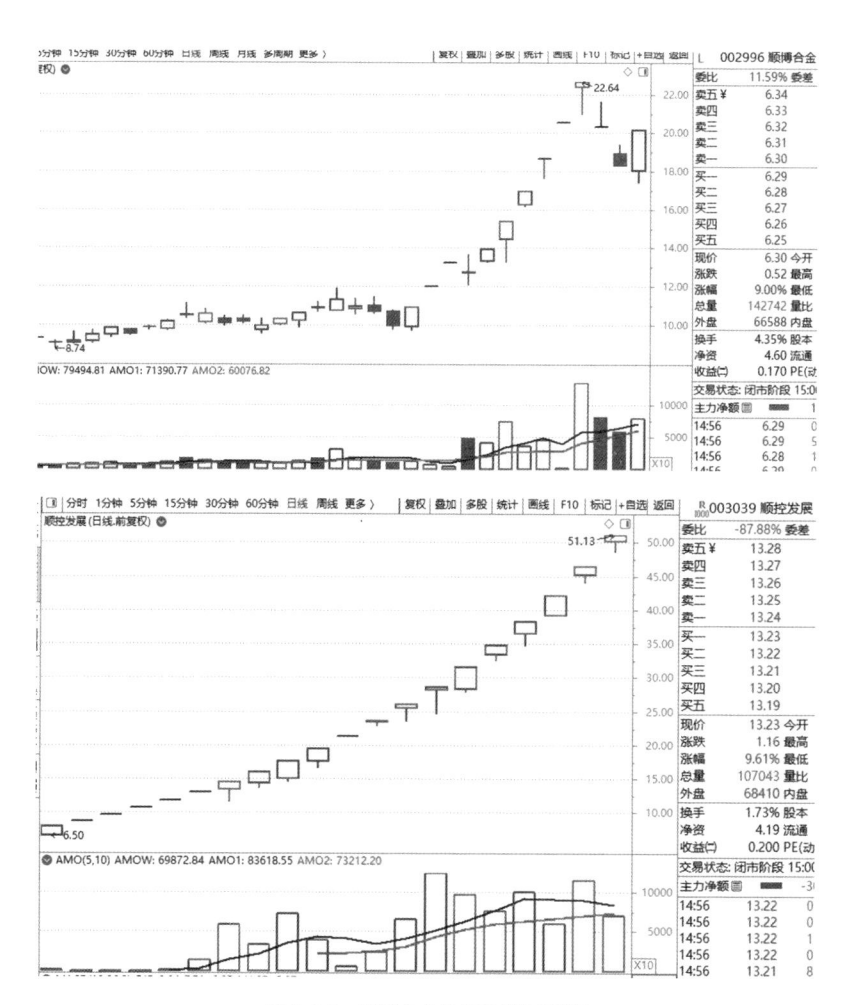

图 4-20 顺博合金被顺控发展干掉

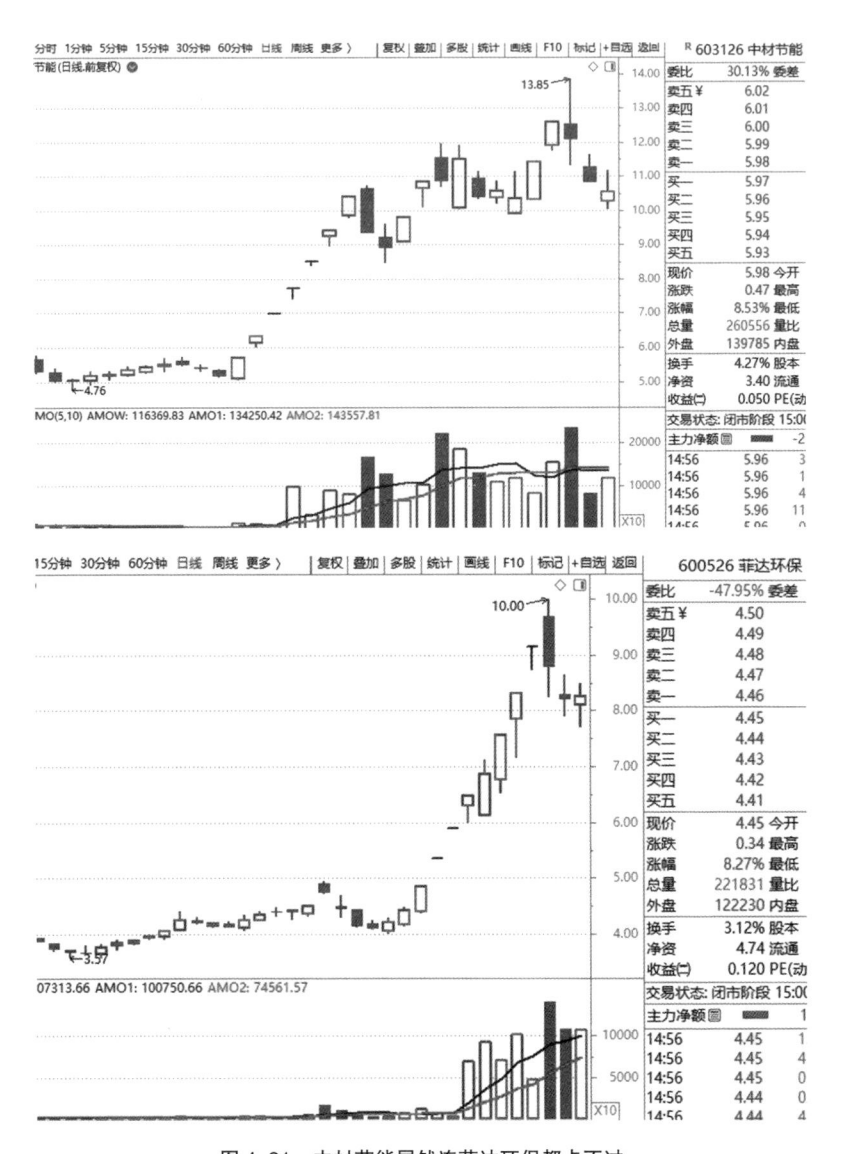

图 4-21　中材节能居然连菲达环保都卡不过

比如：

口罩股的道恩股份，自始至终掌握龙一的权柄；

证券股份的光大证券，任你是谁也抢不走；

农业股的金健米业；

抖音的省广集团；

疫苗的西藏药业；

免税的王府井和海汽集团；

呼吸机的航天长峰；

军工的光启技术；

蚂蚁金服的君正集团；

稀土领域的盛和资源……

也就是说，以前龙二卡位逆袭的现象并不多。前些年炒东方通信、金力永磁、万兴科技、中科信息、特力A，都是如此。

而2021年仿佛就有点变天了，为什么？

我认为主要有两个原因：

其一，监管。

上海的监管是比较严的，动不动发一些监管公告，让龙一中断。大家看看下面的信息。

任何资金收到这种监管信息，都会掂量一下要不要"兴风作浪"，毕竟对大资金来说，安全是第一位的。

那为什么非要选择一个跟风的来卡位呢？

> 【浙商证券】尊敬的投资者："中材节能"（603126）近期累计涨幅较大，期间已多次发布异常波动公告及风险提示公告。公司上述公告明确称"公司股价短期涨幅较大，估值远高于行业平均，期间公司基本面未发生改变"、"公司股价存在炒作的风险"，并提示投资者注意投资风险。上海证券交易所将对该股上的异常交易行为进行从严认定，并视情况从重采取列为重点监控账户、暂停投资者账户交易、限制投资者账户交易、认定为不合格投资者等自律管理措施。请投资者理性投资，审慎交易。--请妥善保管您的账号及密码，投资需谨慎--

> 【重要提醒，无需回复】今日我司收到上交所提示函，提示华银电力（600744）的交易风险，公司已向持仓客户及网站等予以了风险提示。交易所将对该股上的异常交易行为进从严认定。请回避参与炒作华银电力。

因为赛道太好了，题材太具有魅力，资金不愿意放弃这个热点，所以就在该热点内选择一个股接着做。

这就是为什么长源电力这样的跟风能够当老大。

其二，偏离，也就是预期差。

什么是偏离呢？就是故意绕开最看好的那个。

当然这种情况不常见，因为最看好的那个往往代表人气。但也存在另外一种情况，那就是最看好的那个换手率过大，有人想做无法收集筹码，只能寻找一个预期差大的其他股来打造龙头。

比如，顺控发展一直被认为是顺博合金的跟风狗，但它能够把顺博合金给卡死，就是制造一个很大的预期差。

再比如，核电板块一开始是想走太原重工，但后来被台海核电出头了。

预期差这个规律在 2020 年就初现端倪。比如，军工股一开始最被看好的是洪都航空、中船防务和中航沈飞，但后来走妖的是光启技术。

只不过，2021 年预期差玩得更大胆。

当然，这种现象我认为也可以从主力的角度去理解，或者从庄的角度去理解。不可否认，卡位、切换当天，庄的引导作用非常大。如果一个更大的财团或者某个抱团团队来刻意打造，跟风很有可能卡倒龙大，实现"玄武门兵变"。

总之，今年的龙一卡位、切换现象非常常见，大家不要再抱着仅仅盯着龙一的做法，有时候龙二，甚至龙五龙六也要盯紧。

也许，躲在角落的那个角色，正在觊觎下一个龙头。

切换的主因：偏离

近来很多游资聚会，都爱讨论一个话题，那就是龙头切换。

我在前面也有一篇文章谈到为什么最近龙头爱玩切换，里面也谈到切换的问题。当时我给出的两个思考：一个是监管；另一个是偏离，也就是预期差。

不可否认，监管让很多游资不敢主攻龙一，于是出现切换。但，这不是根本因素，因为历史上哪个龙头没有收到过监管？但它们继续充当龙头，比如我们看看下面这个。

天山生物被监管很多次，当年的特力A、东方通信、方大炭素都被监管过，也都继续充当龙头。

当然，监管会影响龙一，但最最主要的，我认为是偏离。

什么是偏离呢？

我给大家讲个故事。

深交所：本周重点监控天山生物

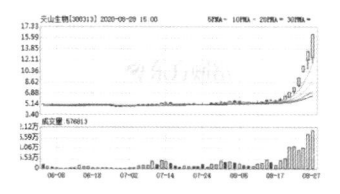

东方财富网
2020-06-30 万象大会年度获奖创作者,东...

深交所称，本周共对60起证券异常交易行为采取了自律监管措施，涉及盘中拉抬打压、虚假申报等异常交易情形；对连续多日涨幅异常的"天山生物""西部牧业"持续进行重点监控，并及时采取监管措施；共对6起上市公司重大事项进行核查，并上报证监会1起涉嫌违法违规案件线索。

（文章来源：大众证券报）

一次，一个顶级德州高手说到一个偏离策略。我追问什么是偏离，对方是这样解释的：

当走到某一步，按照最佳思考应该选择 A 策略，但故意避开 A，选择远离 A 的策略。这就是偏离。

特别是现在有了 AI（人工智能）。当 AI 投入德州，每一步都有一个最优解，这个最优解就是最优的策略。理论上，我们应该按照 AI 给出的最优解去应对。但是，如果你按照 AI 的最优解，一定拿不到冠军，因为对方也会按照最优解来应对你。

这个时候，就应该采取偏离 AI 的对策，往往能够出其不意，拿到第一。

当然，偏离策略远远比这复杂，这个例子只能描述其中的部分神韵。当我听完这个例子后，我就立刻明白了为什么现在龙头经常切换了。

今天的龙头战法归于普及，特别是微信和自媒体的传播，让很多龙头选手的选择过于一致，甚至龙头脸谱化。而恰恰在这种情况下，龙头就自我偏离：本来顺博合金是龙一，但被顺控发展切换了；本来华银电力是龙一，但被长源电力切换了；本来新赛股份是龙一，但被美邦服饰切换了。

特别是美邦服饰的切换。按照高度、身位以及题材正宗性，新疆棉花和中伊合作，最有眼球效应、最有人气的应该是新赛股份，也正是因为如此，新赛股份被各位大佬用通道顶一字，而美邦服饰在 PK 中一度被摁到跌停板附近。

但此时此刻偏离发生了。

也正是因为新赛股份被大单顶一字，请问想参与这个题材的人能拿到筹码吗？既然拿不到，那就偏离它，于是美邦服饰在 2021 年 3 月 31 日——当时新赛股份还大单封一字的情况下，偷偷玩起了偏离，尾盘搞了一个异操作。

这个异操作当晚，我还写了文章提到。也就是这个异操作，让人气偏离向了美邦服饰。

美邦服饰与新赛股份的新疆概念比拼中，经典地展示了一次偏离策略。

这种偏离在以前也有，但是没有 2021 年这样频繁。该年几乎达到龙头必偏的程度。

龙头再认识

图 4-22 美邦服饰分时图

比如：第一个标示龙头本来是天山铝业，后来偏离到章源钨业；金牛化工本来可以引领龙头，但被仁东控股拐走了人气；核电中的很多高位股本来可以走出来，但被台海核电偏离了；中材节能也计划大干一场，后来居然在碳中和中掉队，还不如华银电力；当大家以为是华银电力的时候，长源电力来一次偷袭；顺博合金一度以为是万兴科技，但关键时候被顺控发展偏离了；新疆概念出来，大家以为新赛股份无懈可击的时候，美邦服饰悄悄摘走了果实。

如果说没有偏离的，只有一个——顺控发展，但它也是从偏离中上位的，类似玄武门兵变登基的。

看到这些变化，不禁让我感叹，偏离何其常也！

所以，今后再做龙头战法的时候，在拥有龙头信仰的同时，也要留意龙头的切换，用好"偏离策略"，以偏制偏，以变应变。

而偏离策略这样顶级的博弈智慧的到来，也宣告龙头战法进入一个新的、更加灵活和复杂的生态。

龙头跑全场，补涨跑一段

很多股票，如果仅看 K 线和分时图，仅仅从图形上欣赏的话，好像是一样的。

但如果深入其内在逻辑，则完全不一样。

比如，领涨和补涨，就完全不一样，也不是一套逻辑。

某个主题开始，带领板块横冲直接的是领涨股。而领涨股休息间隙，那些因踏空领涨股而自己挖掘的各种小作文股，就是补涨股。

领涨往往是破局资金，是先知先觉，是造势者。而补涨则是跟随资金，是后知后觉，是蹭势者。

什么人做什么类型的股。

领涨股的发起人和参与者，往往是市场的探索者和最新方向的最初觉醒者。当领涨股攻城拔寨的时候，喜欢做补涨的那批人往往是踏空的，因为他们不会去"试探"一个方向，必须等领涨龙头打出空间了、方向和主线确定了，他们才去挖掘上下游相关的股票，然后去套利它，于是补涨就产生了。

当然，这没有高下之分，补涨做得好，善于挖掘的人，也能赚大钱。

我这里要强调的是，我们必须把这两个类型的股区分开来，区别对待，用不同的思路去参与。

对于领涨股，可以狂野地去追高；而对于补涨股，追高一定要慎重。

因为领涨股是合力打造的市场标杆，而补涨股则是各自倾向者挖掘的各自"内部股"。

领涨股做的是市场总的 β，补涨股则是挖掘的各自偏好。

对于领涨股，市场往往还不完全知道炒什么；而对于补涨股，因为是挖掘的人有备而来，哪怕你不知道炒什么，小作文也一定会通过不同的途径、通过你不同的朋友或者朋友圈来告诉你炒什么。

对，补涨股的小作文一定是多于领涨股。或者这样说，小作文最多的，往往是补涨股而不是领涨股。

不信，你们看看，佰维存储和剑桥科技才有几篇小作文，你们看看后排这几天启动的那些补涨，小作文都多到什么程度了？

为什么？

驱动力量不一样。

领涨股是大的赛道总体 β 驱动，参与其中的人，最初都是走一步看一步，没有谁一揽子买个饱，逻辑是一点点地释放，它依赖的不是信息驱动。而补涨股，挖掘属性的资金，选好标的，一揽子几乎买个饱，买好了生怕外人不知道炒啥，必须反复用消息刺激来发散逻辑。

当然，身份也不是终身制，补涨股有时候也能跨越做成领涨股，但，这必须等到一次大的洗盘或者一次剧烈筹码交替之后才能完成，必须等到挖掘资金分歧之后，剩下的愿意继续格局且与市场其他资金共振之后，才能嬗变其身份。

这个时候，补涨也会成为下一批补涨眼里的领涨股，以此类推。

这就是市场逻辑演进。

不过，补涨挖到最后，往往是一蟹不如一蟹，到最后回头看一轮行情，真正涨到最后，还是那几个面孔，它们也往往被称为穿越者，其实它们就是最初的领涨者。

而真正愿意做龙头的人，其实是一直守在这批股票身边的人。

这些股票，也会反复洗盘，也会有迷茫和分歧，但是它们一直贯穿一轮行情。

在2006—2007年那轮牛市，其代表是招商银行、万科、中国船舶、吉林敖东；

在2015年那轮行情，其代表是中国中车、东方财富、全通教育、乐视网；

在2020年那轮行情，其代表是英科医疗、振德医疗；

在2021年，则变成了天齐锂业、江特电机；

2022年呢？该年是熊市，震荡居多，但某轮行情依然有一个贯穿者，它们分别是浙江建投、中国医药、中通客车、中交地产、以岭药业和竞业达。

也就是说，龙头是那种全场陪跑者的存在，而补涨则是局部参与的存在。用句俗语来说：

龙头跑全场,补涨跑一段。

我们每个人都要想清楚,你是做跑全场的选手,还是做跑一段换一个项目的选手。

因为二者的注意力和聚焦事物,完全不一样。

前者聚焦最核心的那几个或者那一个,而后者挖完一个去接着挖下一个。他们拥有不同的盈利模式和交易之道。

无高下之分,有套路之别。

从南宋南明的历史存亡谈谈龙头战法

南宋和南明经常被拿出来比较。南宋存续了很多年，算是相对成功稳定的政权，熬死了立国之初最大的劲敌金国，也跟当时世界上最强大的蒙古帝国对峙了很多年。而南明则内斗不止，很快覆亡，令人唏嘘。

为什么？

里面可以谈的因素太多了，我这里只谈其中的一个：龙脉的唯一性。

南宋跟南明最大的不同是，南宋的赵构没有竞争对手，因为金国几乎把赵姓皇族一窝端，全部掳到北方，只有赵构一个漏网之鱼。赵构建立南宋政权的时候，没有任何一个亲王可以跟赵构竞争，于是就形成一个局面，只要你恨金国，只要你有家仇国恨，只要你爱大宋，赵构政权就是你的唯一选择。

而南明则不然。

崇祯皇帝死后，他的亲儿子定王、永王在混乱中下落不明，没有唯一的正统来继承帝位。

而姓朱的各路亲王们，并没有被农民起义军和清军杀光或掠走，相反还留下一大批姓朱的各路亲王。这就埋下龙脉多起的混乱性。

不同的利益集团和党派，在各自利益的驱使下，选择拥立不同的亲王。就在弘光政权建立时，其他利益集团又拥立潞王、益王、靖江王等人称帝或宣布监国，搞得你死我活，互相争斗。可以这样说，南明没有一个权力核心，没有唯一的龙脉体系。

切换到我们龙头战法的话语来说，就是太内卷，龙头无法确立唯一性。具体到一个主题和赛道，就是互相踩，没有一个凝聚各方力量的总龙头。这是最麻烦的事情。

我们可以回想一下，凡是龙头战法最幸福的时候，无不是龙头具有唯一性的时候，比如中国医药、九安医疗、顺控发展、天保基建、浙江建投。

凡是反复内卷、互踩对方的时候，无不是龙头战法黑暗的时候。

力量宜聚不易散，龙脉宜专不宜多。南明的失败就在这里，而南宋的存续也在这里。

我们的龙头战法也是同样的道理。一段时间以内，最好只能有一个核心。如果多龙并存，互相不服，那么很容易导致力量分散。

这与龙头的宽度是有区别的，龙头的宽度是建立在不互相踩的基础上，特别是，宽度是指一个龙头炒完后，再来下一个，轮流来，而不是踩着来。

同一段时间区间内，龙脉必须具有唯一性。这个区间可以是三五天，也可以是两周，但其龙头"任期"内，最好只有一个"太阳"，最好能凝聚所有共识、统率所有力量、垄断所有皇权，而不是各自为王，军阀混战。

这就是我从南明和南宋的历史中读出的龙头智慧。

从米芾书法谈龙头：美丑与风骨

右图是米芾的书法，怎么样，是不是神之一手？

米芾是我极为推崇的书法大家，我对他的喜爱，甚至超过王羲之。

在整个书法长河中，米芾、王羲之、颜真卿是我最喜欢的三大家。

毫无疑问，米芾的书法很漂亮！

但他曾经因为过度追求漂亮，被批评没有"魏晋笔法"之风度，也突破不了古人。

当然，一般人不敢批判他，因为他很狂傲。宋徽宗曾让米芾点评本朝书法，米芾毫不客气地说：蔡京不得笔，蔡卞得笔而泛神韵，蔡襄勒字，沈辽排字，黄庭坚描字，苏轼画字。

宋徽宗问他：那你呢？

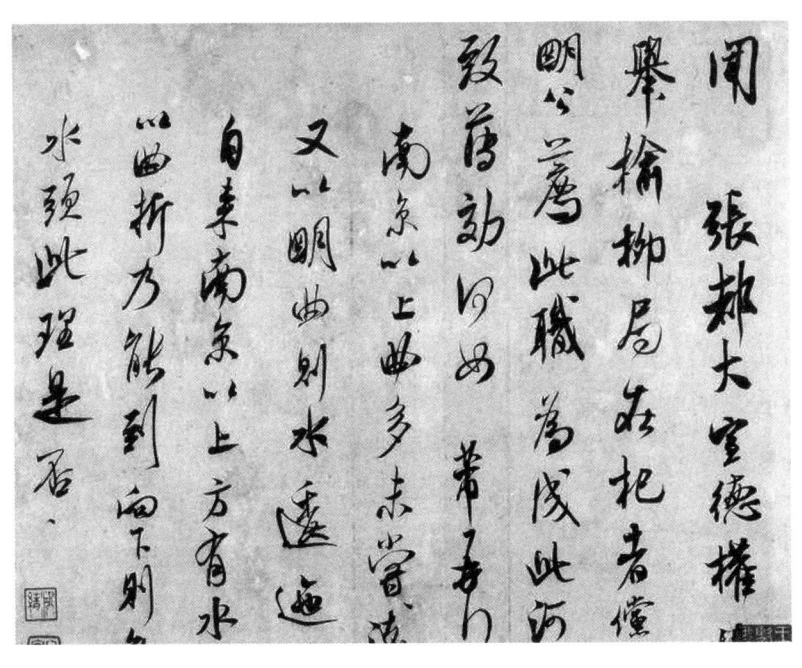

图 4-23 米芾书法作品局部

米芾似乎觉得把别人贬了一通不好意思,便回答道他是刷字。

不过,还是有人敢批评他。到底是谁呢?

是苏东坡。

苏东坡说:"彼元章但知好之为好,而不知陋劣之中有至好也。"

苏东坡当头就说:米芾呀,你只知道漂亮的是好的,不知道鄙陋的、粗粝的东西也是一种美。

艺术不能仅以漂亮为宗旨,太漂亮容易流俗,会成问题,会影响艺术的深度和力度。

米芾是出了名的狂傲,如果是别人批评他,他肯定不听,但苏东坡说他,他不得不掂量一下,关键是米芾意识到苏东坡说的在理。后来米芾一改以前的风格,不再琢磨名家字帖里那些漂亮的字,而是到反面去寻找突破。

一个明显的例子就是他暂时放下学习王羲之,去研究其子王献之。

王羲之的书法登峰造极,想要超越,王献之只有另辟蹊径。经过探索,王献之终于找到一条路:保持用笔和结体的规范,打破漂亮的表象,不再延续其父绝美的呈现,而是加入一点不平衡,制造"似奇反正"的表达。

米芾极为聪明,立即参考了王献之的艺术思路,果然找到了他自己,成功"出帖",离开古人,形成自己。

米芾的变化,让他达到极高的艺术程度,苏东坡也不得不夸赞:"风樯阵马,沉着痛快,当与钟、王并行。"

就像是在飓风之下的船布满了帆,嗖嗖地驶过去;像一群战马雄趔趔地跑过去，威风凛凛、不拘一格，率性洒脱。笔法酣畅淋漓，如大江奔腾，气势如虹。

无意于佳乃佳！

后世之人，几乎没有不推崇米芾的。

后来，一代大家董其昌也高度赞扬米芾：如狮子捉象，以全力赴之，很是精彩，给人一种雄健奇强的快感，甚至有一丝野性。

有时候我想，我们选股票、选龙头也可以参考米芾的书法过程。

提起龙头股，每个人心中的样子不一样。我发现，今天绝大多数人是从美中选龙头。

什么意思？

就是图形很美，分时图很美，形态很漂亮。

很多人喜欢把这类的选为龙头。举个例子大家就明白了。

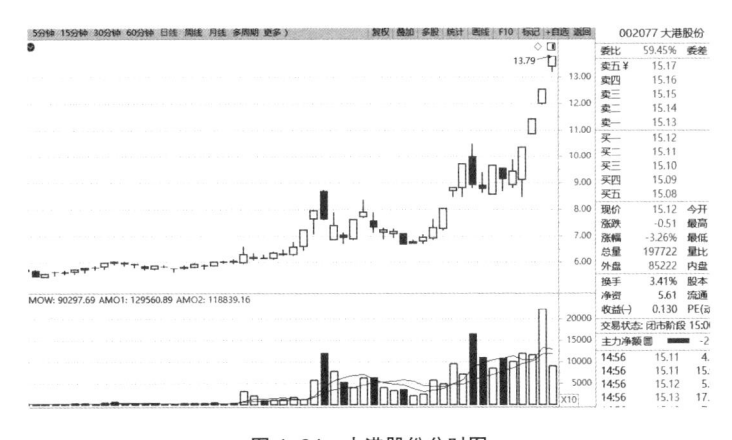

图 4-24　大港股份分时图

图 4-24 好看吗？

当然好看。

它是龙头吗?

这是大港股份某一天的图,后来确实成龙头了。于是很多人就在内心树立了牢固的龙头美学,漂亮者就是龙头。

可是,大港成为龙头,我认为最根本的不是美,而是彼时彼刻,以及那个时候的芯片法案等的综合。大港只不过是个载体而已。

如果抛去这些,仅仅从图形漂亮的角度认识龙头,就太俗了。

最关键的是,如果仅仅认识到"美之为美,不知陋劣之中亦有至好者",那么对龙头的认知就仅仅局限在外表层面。

一旦你把外表的美当成龙头的定义,就容易被"好事者"做图所害。我们看图4-25(1)。

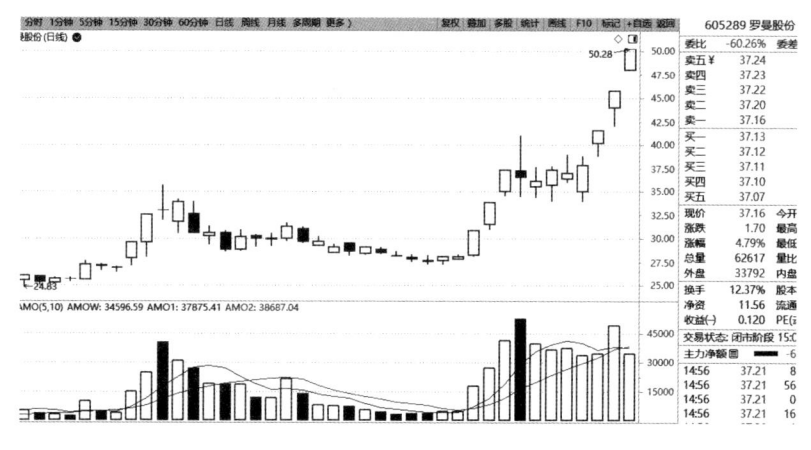

图4-25 罗曼股份分时图(1)

这个图美不? 像龙头不? 如果那个时候有接龙选股,我想一定有一半的人选它为龙头。第二天什么样大家想知道吗?

答:"核按钮"。从涨停板摁到跌停板,如图4-25(2)所示。

图4-25 罗曼股份分时图(2)

这样的案例还有很多,我们再看看下面的如图4-26所示的三幅图。

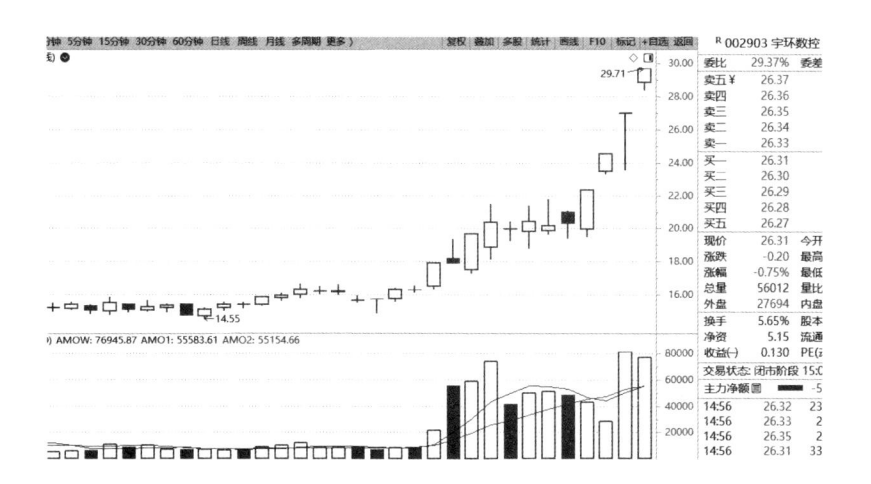

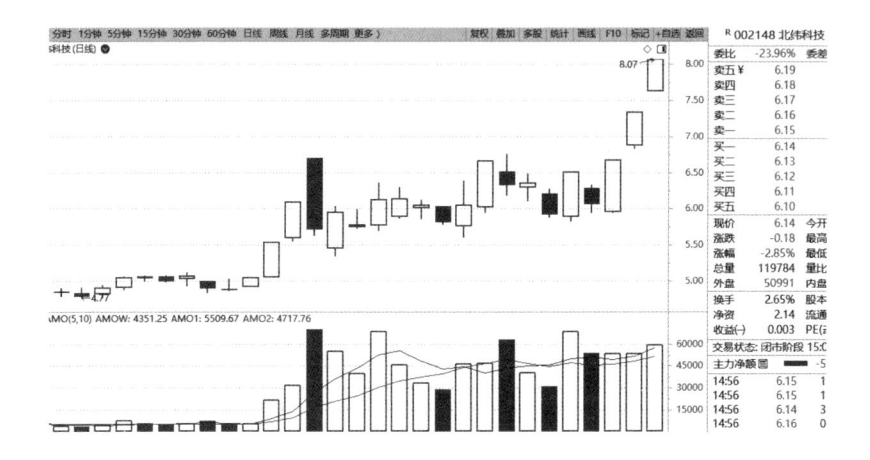

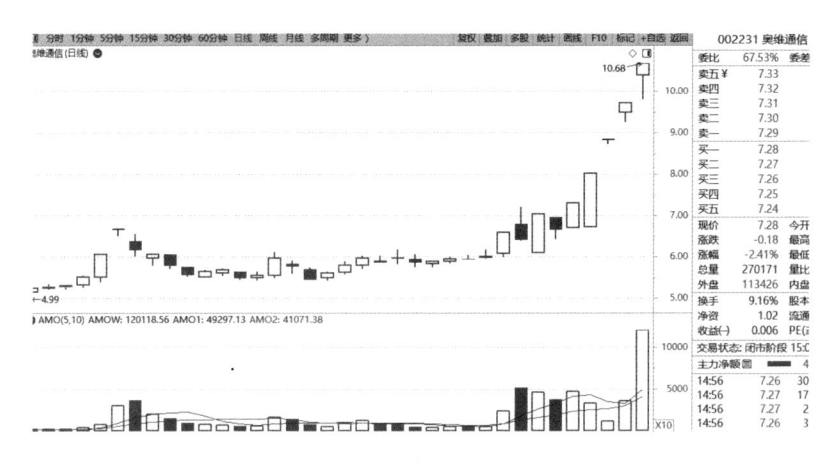

图 4-26 宇环数控、北纬科技、奥维通信的走势图

这些图漂亮吗？美吗？

我可以告诉大家，这些也都是接龙选出的几乎得票最高的龙头。它们第二天，也几乎都是核按钮！

所以呀，不能通过图形的美丑来定龙。

有时候图形越美，越有可能是"请君入瓮"。可如果不把图做这么好，别人能来吗？

我们并不否定图形美的价值，谁都喜欢好看的形态。

但我们要透过图形看本质。

如果没有赛道的价值加持，没有风起云涌的板块情绪，没有精满气足的势头，这些图形就是待宰的羔羊。

图形用钱都可以画出来，关键是本质。

今天，大量的90后、00后加入龙头大军。很多朋友选龙头，就喜欢看图形，一看图形好，又连板，就问也不问直接将其定义为龙头。

这类朋友，我希望看到本文之后，能够重新思考龙头的定义和本质。

我在《龙头信仰》里多处写过，龙头要破技术之执，其中一个重要的方面就是不要被图形的美丑迷惑，要看到它后面的势力。

一个真正的龙头，不拒绝漂亮的图，但它骨子里代表的绝对不是图，而是一种一呼百应、百鸟朝凤的局面。

这种局面里，龙头可以漂亮，也可以不漂亮。甚至，在图形的世界里，最漂亮的往往都是补涨，因为补涨比龙头更善于"经营"漂亮的皮囊。

特别是抖音和自媒体时代，补涨、卡位、后排，其图形要比龙头漂亮得多。如果你仅仅是看图，则正中他们下怀。

但他们能制造图，制造不出大势，所以，我们要透过图形看有没有势。

明白了这层道理，我想大家就再也不会轻易被股票的"美貌"所诱惑了，而是全心全意思考一个股票图形之外的东西了。

如果对这方面很有兴趣，想更加深入地探究这个问题，大家不妨去读读《龙头信仰》关于龙头真假的那部分内容（105—122页），读完之后再来看看本文，感受绝对不一样。

写到这里，大家应该明白我写本文的初衷了。书法和股市，虽然领域不同，但在某些地方道理却相通。米芾放弃外形追求，成就了最高风骨："风樯阵马、狮子捉象。"而我们要想真正突破自己，不妨也从放弃形式开始，多去深究它"皮囊"之外的东西。

分时审美：什么才是龙头该有的样子

一写分时图，很多人就兴奋。

但我其实是不想让大家在分时上花费太多的精力和才情，因为这太微观、太易变、太零碎，深陷其中会让人丧失大局观和该有的定力。

我曾经有很长一段时间把注意力浪费在这个上面，虽然过程很"充实且激荡人心"，甚至每天都有惊喜和发现，但这对我的伤害也很深，后来花费很长时间去摆脱它的影响。至今，来自分时上短视的幽灵还时不时干扰我的定力。

所以，不要过于在乎分时。

尤其是龙头股。

特别是，不要过于把龙头的分时臆想成所谓的"硬气"、"霸道"和"强"。

这一点，是很多人的误区。

相当多一部分人把龙头的强理解为分时的强，不信大家打开各种自媒体看看。这种理解其实是肤浅的。

为了把这个误区破除，本来不想谈分时图的，这里又不得不跟大家谈谈分时。

不过，接下来我要谈的是分时图审美，而不是所谓的分时图绝招，更不是分时图模型。

所谓分时图审美，就是什么是好的分时图，什么是坏的分时图；什么是对的分时，什么是错的分时。

一句话：什么样的分时才是龙头该有的样子。

在很多人印象中，龙头的分时应该最霸道、最凌厉、最快速、最生猛，特别是那句"打最硬的板、骑最快的马"的口号在江湖上流传之后。最硬的板，就代表大家对龙头盘口的认知。

其实，这是不正确、不全面的。

龙头会有最硬的板的时候，但却不是天天有。甚至，它大多数时候不是最硬的板。

那种最硬的板，往往是补涨股的特点。而作为领涨股的龙头，它天生就是探索者。既然是探索者，它的分时图应该以粗粝、厚重、绵延为主要特征。探索者不可能一日千里，补涨才可能一日千里。因为补涨不需要探索了，可以恃宠而骄。

有时候，龙头的分时图应该是"以丑为美"。这里的丑是一种探索感、斗争感甚至是钝感。相对于动辄秒板和一字板，它显得有点慢，有点丑。但这种慢和丑，不能理解为落后、掉队、弱，应该理解为一种独特的龙头审美，这种审美类似于人的"大智若愚""重剑无锋"。

这个道理要怎么说呢？记得我曾写过一篇关于米芾书法的文章，其实那个时候我就有意引导大家去思考龙头审美了。

在那篇文章中，我曾写道，早年的米芾就是喜欢漂亮、潇洒的字，以"漂亮"为美，就类似于今天的很多人把高开秒板和瞬间涨停当成最美。

股票审美也是同样道理。我用那么长的文章"跑偏"那么远去写书法和米芾，不是为了艺术，而是为了"远取诸物，近取诸身，更相问难"，把股票的道理讲透彻。

很多人对股票的审美，特别是对龙头分时图的审美，仅停留在"好之为好"的层面，认识不到粗粝、陋劣有时候也是一种美。

于是乎，用分时图的美丑来确定龙头，对真正具有连绵不绝精神层面的龙头视而不见。

我曾看到一篇文章，说竞业达之所以成为龙头，是因为它的分时图模仿上一个龙头彩虹，都是分时图换手。并说，龙头就是模仿上一个而来的。

这种认知不得不说，还是没有摆脱比美，还是没有进入精神层面。

龙头模仿不模仿暂且不说，就历史上超级大龙头而言，其分时本质就应该是换手的样子。也就是说，只要是超级大龙头，分时走换手应该是它的常态，应该是共性，而不是模仿上一个。

当然，这其中不排除龙头会在某段也很漂亮和硬气，但，龙头更能容纳的是分时的折腾和缠绵。特别是当一个股成为总龙头的时候，它就更能海纳百川，任其分时千姿百态。东方通信如此，贵州燃气如此，道恩股份如此，小康股份如此，中青宝如此，润和软件如此，中通客车亦如此……

　　下面是一些龙头的分时，它们千姿百态，换手本来就是它们该有的样子，见图 4-27 和图 4-28。我经常去拿龙头的分时图对比同一日其他股的分时，我发现，龙头很少去夺取当日分时图最霸气榜首，它对日内谁最强没有那么在乎，相反，它对千里之外志在必得倒是很在乎。

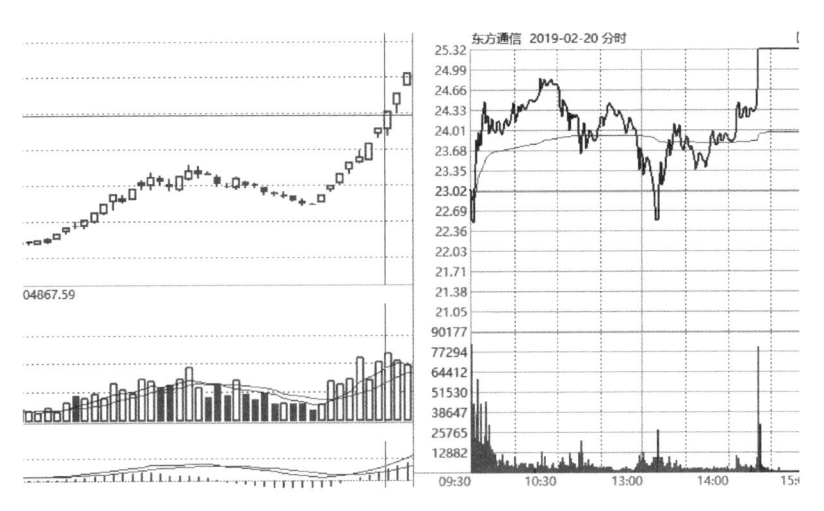

图 4-27　东方通信分时图

龙头再认识

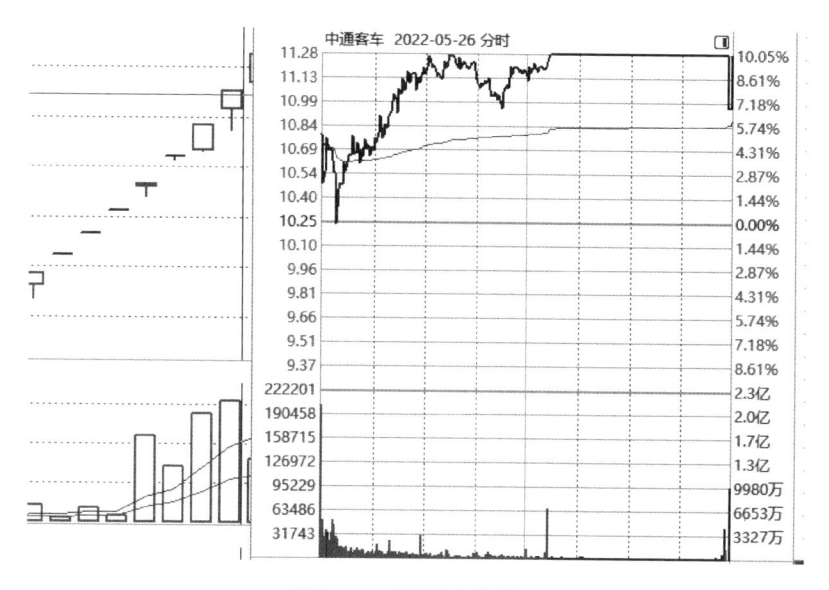

图 4-28 中通客车分时图

越是超级大龙头,越是总龙头,越是如此;

越是一个龙头晋级到总龙阶段,越是如此;

相反,越是小级别龙头,越是还没有晋级到总龙头阶段,越是分时紧张刚硬。

就短线而言,龙头与其他股相比,更表现为接力性,更志在千里,不争一时。

这倒不是说龙头不争,而是争的东西不一样。

龙头争的不是日内分时,而是多日分时。龙头争的不是刚劲,而

是韧劲。

即使在相对一个狭窄的空间和周期内,龙头也尽量去争大不争小,争长不争短。

这才是龙头该有的审美和样子!

人往往会高估过去一年的变化，低估五年的变化

有大成就的人不经意说出的话，往往透露出不一样的智慧。我想，也许是他们先有不一样的智慧，然后才有大成就吧。

我在《龙头、价值与赛道》里，曾带领大家领略过比尔·盖茨的一句话：

> 人们总是高估新技术出现的第一个五年，低估第二个五年。

这句话，让我深刻悟出了一个新产业、新技术的第二波应该怎么做，也对我做龙头第二波有了很大的触动和提升。

今天，我们再带大家来领略一句很有智慧的话：

> 人往往高估过去一年的变化，但低估五年的变化。

这句话有人说是比尔·盖茨说的，也有人说是彼得·德鲁克说的，很多大佬都引用过，吴伯凡的《冬吴相对论》里也提过。这句话有不同的版本，华与华的老板就引用过另外一个版本：

> 人们总是高估了一年所能取得的成绩，而大大低估了三十年所能取得的成就。

大概的意思差不多，就是，人们往往过于从短期看一件事，而忽略了用连贯性的整体去看一件事。或者说，人们总是割裂地去用某一年来看待问题，而不是把若干年贯穿起来去看问题。

这句话是充满大智慧的，当我听到的一瞬间，立即就怔住了，醍醐灌顶呀！这话怎么这么有水平！

回想很多年以前，那个时候还是诺基亚、摩托罗拉的天下，当时国产手机也开始发力，但我们身边见不到华为手机。我就纳闷：华为那么厉害，为什么华为没有手机？连国内杂牌都把手机做得风生水起，华为怎么不做手机呢？

我就去问权威人士。

你猜那个权威人士怎么回答我的？

他说：华为做呀，但很垃圾，没有人用它的手机。华为主要是给电信移动做一些定制机，类似贴牌。

我又问：那定制出来的手机跟×××比怎么样？

对方答：没得比。

我又去问卖手机的那些人，华为手机怎么样，回答都是差评。

好几年都是这样。

但没有想到，五年后，十年后（两个五年），华为一骑绝尘，居然让苹果都惧怕。

如果时间倒回那个岁月，你随便挑选其中的任何一年，去看华为手机，去评价华为手机，得出的答案都是：难用得要死。

但如果你整体连贯看，几个五年之后，华为手机已经跻身山之巅。

所以，我们看一个事物，不要太在乎过去某一年，更不要把每一年单独断裂起来去给它定性。

看人，看事物，都是如此。

过去某一年很好，不代表连贯起来的多年很好，比如HTC。

过去某一年很差，不代表连贯起来的多年很差，比如华为。

不要用过去某一年、某一段来评价一个东西，而是整体地、连贯地看。

这类事情上，我感受最强烈的还有新能源汽车，特别是特斯拉和比亚迪。

特斯拉早年在我的印象里，几乎全部是负面的。一会不安全，一会着火，一会爆炸，一会是作秀，甚至巴菲特和段永平都出来说：特斯拉的投资价值为0。

如果孤立地回看过去的，特别是早年的马斯克和特斯拉，总有一个感觉：

> 特斯拉要完蛋了！

特斯拉明天就破产!

特斯拉怎么这么差!

特斯拉不行了!

特斯拉就是一场秀!

如果割裂地特别在乎过去某一年,用过去某一年的成就去看特斯拉,特斯拉早就应该扔进垃圾桶了。

但神奇的是,马斯克无论遇到什么问题,都一直坚持,结果连续很多年后,成了最大的电动车企。

外人太在乎某一年或者某一件事情上马斯克和特斯拉怎么样,而忽略了马斯克和特斯拉过去若干年一直的坚持。

当然,既然是外人,谁关心你的一以贯之呢?大多数都是看个热闹而已。既然是热闹,当然是掐头去尾地看,怎么轰动怎么看。

但历史可不是一个个的点,而是一条线。

比亚迪的待遇也差不多。

在我过去的印象中,比亚迪着火的事件几乎经常看到,提起比亚迪,我本能地会想:这么一个不顾车主生命安全的公司,怎么会有前途?郭台铭也曾经就这一点向投资比亚迪的巴菲特发难。

但几年后,比亚迪成了巨无霸,车的质量和安全性也站上一个新的巅峰。而我对比亚迪的认知,早就被比亚迪自己超越。

两岸猿声啼不住,轻舟已过万重山。

当你还在盯着他们的缺点看时,他们早已经用连续创新、连续胜利,引领整个汽车时代。

当我回顾这些事情，正在反思的时候，突然看到上面那句话：

人往往高估过去一年的变化，但低估五年的变化。

一下子就全明白了。这句话还可以这样讲：

人往往过于看重短时间内发生的事，而过于低估长期整体发生的事情。

或者说：

人过于用割裂的方法去评估一件事，而不是用连续整体的方法去看一件事。

看人也是如此。

大家还记得你小时候的同学吗？也许他在你的印象中还是一个差等生，还是一个落后的被人看不起的人，但那只是你跟他同学的那几年。

而五年后、十年后，也许他是你们班最有成就的。

那些高考落榜的，那些第一次创业没有成功的，也许被你笑话过，也许被你贴过标签，但那一年又说明什么呢？也许五年后、十年后，你去跟他打工都不好意思说。

关键不是看人生的某一段，而是把他们的一生连起来看。

要连贯地看问题,不要割裂看。

看人要看一条线,而不是一个点。

人最宝贵的品质是沿着正确的方向一以贯之,坚韧不拔,万千险阻不改其志。

我还见过三五年前,炒股很差的一些人,曾经被人看不起的人,去年再一见面一年做到本金的二三十倍,碾轧一堆龙虎榜股神。

而去年可能还没有开悟的人,也许今年见到他,他都甩你很多条街。这种人太多了,我就经常遇到。

而那些躺在某个辉煌点不再用功的人,虽然在那个点上,被人封神,被人称为股神,其实他的理解力早就被别人超过,泯然众人矣!

所以,我们要一以贯之地看,而不是"断章取义"。

赵四小姐 16 岁去大帅府跟张学良。如果她去一年,是作风问题;去三年,是瞎搅和;一去三十年,那就是爱情。

我们不能逮住赵四小姐某一年某一次,对她大加批判,要看她的"一以贯之"。

当然,我们聊这么多,不仅仅是跟大家在谈人或者谈事,而是谈一个整体观的问题。带着这个整体观,跟大家谈谈投资,也就是如何看股。

很多人看龙头也好,看趋势股也好,喜欢看过去一天,就拿这个股的一天去跟另外一个股去比,看看谁的分时图强,谁先上板,然后就给谁贴个龙头标签。

其实,这是典型的"过于在乎过去一年、而低估过去五年"的思维。看一个股,关键的不是某一天,无论那一天是今天还是昨天,而是看整体。

就是把一个股过去若干天连续起来看，看它的整体气势和韵味，品味它的连绵不绝和节节贯通。

我经常看到一些朋友选择龙头的时候就是数板，而断板或者阴线就当成弱了，如果抱着这个思路，很多龙头都会被排除在外。

就拿某药来说，它连续几天都领涨，就某一天出现一个阴线、断板，难道它就不行了吗？难道它就可以被贴上掉队的标签了吗？

显然不是。

2021年底，我们写九安医疗的时候，就反复强调过这个问题。特别是那一篇《纷纷万事，直道而行》的文章。

很多人喜欢比较法，就是用A股票去比较B股票，每天看看谁的分时图更好。这种看法表面对，但根子里不对。因为它只比断裂的每天，而不比连起来的整体。

整体加在一起，其"一以贯之"之意最强烈、最坚韧、最不妥协，才是强的核心，而不是一天天地掰开看。

不信，你把九安医疗掰开，把中国医药掰开，把历史上很多大牛股掰开，你会发现它们很多时候都不是某天最强，而是加在一起最强。

这才是识别龙头的正确方法，也是识别强弱的正确方法。

不懂这个方法的人，天天去做最强板，美其名曰：

打最硬的板；

喝最烈的酒；

骑最骏的马。

殊不知，当天最硬的板，也许是整体上最弱的股。而当天磨磨叽叽的板，也许是整体上最强的那个股，怎么能用某一天来轻易判定某个股呢？

所以，龙头思维的人和打板的人，其思维深处是不一样的。

打板的人打的是当下最强，龙头思维的人做的是这一段的最强。

谁说龙头就是超短？

那是因为你只看到了短。

也许，昨天没有你想象得那么重要

我曾经写过，人往往会高估一年的变化，但低估五年的变化。

当时是从相对宏观的角度思考这个问题。过后，我发现从微观上来看，也是很正确的。

比如，很多人复盘，过于在乎昨天盘面的变化，而忽略过去5～10天连起来的变化。

什么意思？

我这样说吧，很多人收盘后，会根据当天的涨跌和盘口强弱来判断市场如何。如果涨就容易乐观，如果跌就容易悲观。不但散户如此，就连大V、机构投资者也喜欢如此。

一旦某一天涨了，一旦某一个股涨了，就去找它强、它好的证据和解释。而一旦跌了，又去找它不好的证据和解释。关键是，很多人找证据和原因的时候，根本不想多回顾几天，只根据当天涨跌就去找原因和解释。这种复盘或者研究盘面的方法，说得好点叫"工笔"，说得不好叫"低空复盘"，就是过于在乎短期表现，没有形成俯视的观大略。

不信，大家看看很多自媒体甚至机构文章，是不是有心无意之间，陷入了对过去一天进行解释的"低空复盘"。比如，刚刚根据昨天盘口得出结论谁比谁强，结果第二天就反过来了。其实，主要原因是只比较了昨天，而没有把昨天的昨天综合考虑进去。

这种做法最大的危害就是过于在乎过去一天的表现，而不是把过去十天连起来看。

如果只看一天，容易形成墙头草，容易变成对盘口解释的工具，无法形成一般规律。

在统计学上，有一个陷阱叫近因效应，就是过于在乎最近的样本，而忽略前段时间的样本。

我们如果要真正看透市场，就要跳出近因效应。
也许，昨天发生的事情没有你想象得那么重要。

最好的强不是"最强",而是"持续强"

短线江湖经常有人说,要做"最强"的股票。

这句话对不对呢?

作为一种口号,这句话原则上是对的。

但如果再往下深思,我认为这种认知是不够的。因为最强的认知,可能千差万别。

比如,我们看下面图4-29中国海油的例子。

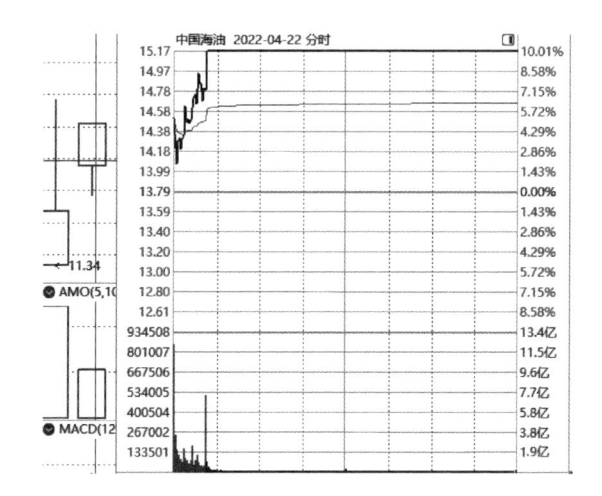

图 4-29　中国海油分时图（1）

这个股够不够强？算不算当天最强股？回到当时市场盘面上来，几乎算是最强。那么它第二天怎么走的呢？见图 4-29。

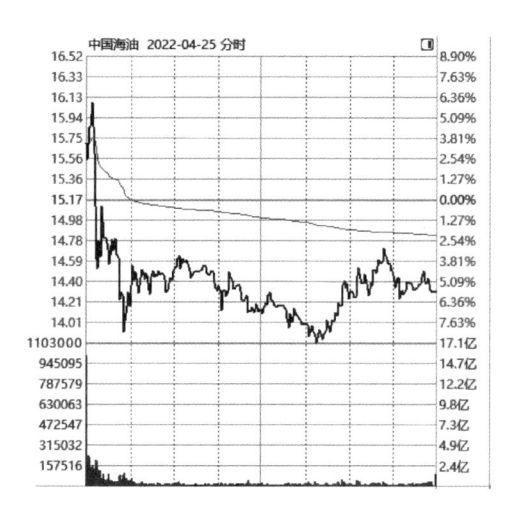

图 4-29　中国海油分时图（2）

开盘不久就跳水。除非前一天就进去，否则，只要你是第二天接力，就是灾难。

还有比中国海油更极端的例子，见图 4-30

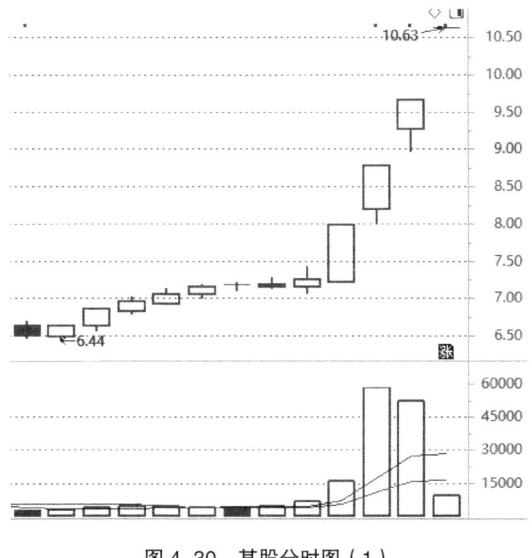

图 4-30　某股分时图（1）

这种走势强不强?

当然强。你知道它接下来是什么样的吗? 见下图:

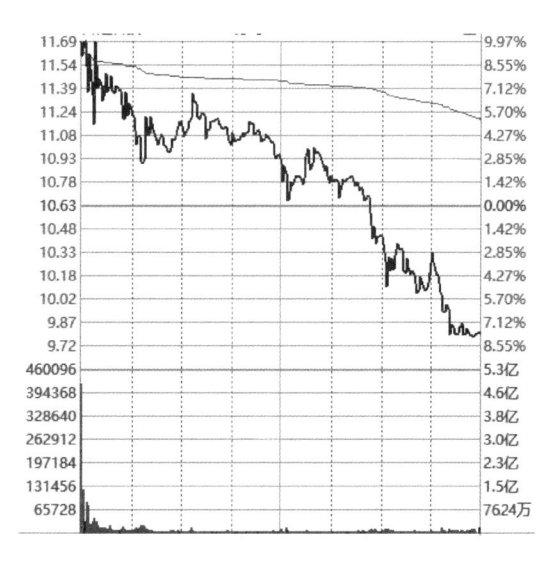

图 4-30　某股分时图（2）

对不起，是"核按钮"。这一天后面，也是"核按钮"。

它在前一天可是市场最强的，第二天却是市场最大的坑。

这个类型的股，除非你在它"最强事实"之前进入，否则对你没有任何意义。

当然，这类的最强，也许是打板选手最喜欢的，但是对于龙头选手，它未必是好朋友。因为龙头的本质是"接力"，是"继续"干。而这类的股，往往它刚呈现最强的一面，就开始从最强转为最弱。

也许，它故意用"最强"的一面示人，然后在"最强"的伪装下完成砸盘和出货。此时，最强不但不能理解为好现象，反而是坏现象。

那怎么办? 我们不要"最强"了吗?

非也。

我们对最强的理解要深化。

我相信，市场绝大部分人理解最强，往往是从盘口去理解，特别是从封单、竞价、盘口硬气，还有所谓的人气。

但，这些是不够的，他们缺少一个最核心的维度，那就是：敢不敢接受换手的检阅。

如果能够换手检阅一次，检阅后能够继续强，那它才是强。

否则，这种盘口"窒息感"的强，就是一种假强，它们配不上最强的名号。

我们干脆这样说吧，真正的强，不是很多人理解的"盘口最强"，而是持续的强。

一切的核心在于"持续"二字。

什么叫持续强？就是能够接力强，反复强，特别是在情绪资金走了之后还能强，这才是真正的强。

持续强的核心不在盘口，不在封单，不在一日两日之人气，也不在谁给它贴什么标签，而是力道的一以贯之，而是如石头下面的小草一样充满韧性的不屈不挠，而是多日走势综合起来看能否感受到一种暗流涌动。

前文《也许，昨天没有你想象的那么重要》就是表达：一个股票昨天的盘口是否"硬朗"、是否"最强"，也许没你想象得那么重要。重要的是，N个"昨天"的走势总体来看才重要。

我曾经引用过比尔·盖茨一句话：

人往往会高估一年的变化，但低估五年的变化。

其实，股市上也经常出现这种情况，人往往高估昨天的盘口和分时走势，而低估或忽略过去 5~10 天连起来的变化。

什么意思？

就是，我们对强、最强的认知，不能割裂在某个微观层面，而要统一在"持续"的若干天的层面。

也就是，持续起来的整体强，远远大于局部的"最强"。

什么样的股容易成为龙头：力道贯通

什么样的股容易成为龙头？

答：力道贯通的股。

什么叫力道贯通？

就是一脉相承，一气呵成，一以贯之，一泻千里。

就是力道中间不歇火，连接不间断，一处发力，处处通达。

相对于贯通，它的对立面就是不贯通，就是各种闪躲腾挪。

表现在股市：力道贯通就是连板，就是主浪，就是主升，就是主线。

不贯通、闪躲腾挪的表现就是：忽而反包，忽而断板，忽而回首掏，忽而骚操作，总体表现就是用艺不用力，用巧不用势。

当然，龙头并非贯通一种形式，有的龙头也喜欢断板和折腾，比如2021年的爱康科技、2020年的省广集团。

但从操作的难易程度、成龙的概率、龙头的路径来说，贯通连板式更符合龙头的力道。正所谓：

> 有连板龙，就不要做反包龙。
> 有主升龙，就不要做反抽龙。

其本质用意，就是追求贯通、追求龙头的最大范式。

曾经有一段时间，我也迷恋各种套路拆解、各种术和技巧，特别是迷恋断板龙怎么反包。后来我发现，那根本就不是上乘的龙头玩法。其本质是躲闪腾挪，是见招拆招，那种技巧练习得再高，再巧夺天工，也不是天纵英才的境界，也没有泰山压顶之势。

至高的龙头境界，应该是势的滔滔不绝，而不是术的鬼斧神工。

一力降十会，才是龙头的至高段位。

这个一力，应该是连绵不绝之力，是势大力沉之力，宛如长江大河一般，节节贯通，浩浩荡荡，行云流水，奔腾不息，不舍昼夜……

而唯有主升、主线且领涨，才有这种感觉。

而唯有这种感觉，才最容易成为龙头。

观大略

很多人看股票，喜欢反复比较 K 线图或者图表。我们把这种行为，称为对比分析。这样做对不对呢？

当然对，但不够高级，或者说，不够接近本质。

拿 A 股与 B 股进行比较，看看谁竞价高、谁板硬、谁洗盘、谁炸板等等，是可以看出谁比谁更龙头，但太流于见招拆招，容易出现两个缺点：失去整体；失去内因。

什么叫失去整体？就是拿某一天或者某一处的"细节特征"去比较，过于放大某一处而失去整体。

什么叫失去内因？图形的比较未必是主力的本意，可能是臆测上的，也许主力自己都不懂那个细节。

见招拆招最大的问题是"疲于奔命"，疲于用一个一个"细节"去每天验证谁比谁更龙头。

这是选强选龙的第一重境界，我称为灵巧，虽也重要，但不够厚重。

第二重境界就是厚重。什么是厚重？厚重就是定性，就是看透骨髓，通过整体，一眼看穿它，不用每天去比较谁比谁如何如何。

竞价的高低、盘口的好坏、炸板的时间，虽然具有可比较性，但也有很大的偶然性和随意性，不能因为某个动作不符合你的想象就轻易动摇定性的认知，因为整体永远大于局部。

只有看透了整体，观大略，才能真正拿住龙头，才能在"风雨飘摇"的盘口动荡之中，不轻易丢掉筹码。

分时决策：也许是最艰难、最大的一段弯路

我想，很多短线朋友，都喜欢看所谓的盘口。而盘口中，分时猛烈拉升，分时旱地拔葱，估计最被喜欢。

根据分时的拉升和强弱去交易，应该是很多人都绕不过去的行为。或者说，过于在乎分时图的强弱和拉升的猛烈度。

我把这种情况称为"分时决策"。

当然，分时决策并非100%是由分时图一项来决定买卖，而是指分时占买卖决策的比重过大，特别是内心对分时的涨跌过于依赖，容易被分时图牵着跑。

我们每个人，特别是刚开始炒股那几年，都经历过这种情况：分时一拉升就激动得不得了，恨不得马上追上去；分时一砸就吓得哆

嗦。这是典型的分时决策。

随着炒股的深入，慢慢地摆脱了分时决策，或者说注意淡化了分时决策。

但这里的摆脱和淡化不是说不在乎分时了，而是说更在乎综合了。

回想起我自己犯过的错误和走过的弯路，分时图决策几乎是最大的一个。而摆脱分时牵鼻子，能够站在一个更高的高度上去看分时，被我视为最大的进步之一。

这个道理本来很浅显：局部再完美，如果没有整体发力，都是白搭。

所谓高手谋势不谋子就是这个意思。

但我看还有很多人居然有意无意、话内话外，还在宣传最强分时图这种价值观。当然，对于过了整体观，已经有大局观的高人来说，他宣传最强分时图对他自己没有问题，因为他已经有"前提"。不过对于没有"前提"的受众者来说，这种观念及其产生的习性也许是他一生最大的弯路。

分时图重不重要？当然重要。但如果不在大局观的前提下，不在选股选时的前提下，也许最不重要。甚至分时最嚣张死得最惨，那种天地板有很多在没有炸板前，都是当天最硬气的板。

很多人打板失败了，或者追高失败了，总是继续在分时图上总结原因。事实上，跟当天的分时图没有关系，跟股不对有关，或者跟节奏错了有关。这么一说，很多人就觉得很容易理解，好像很简单。

但事实并非如此。

很多人一到开盘后，大脑就指挥不动眼睛了，分时一拉，手就乱抖，眼睛冒绿光。本质原因，还是分时决策留下的病根太深，弯路太弯。

身不由己呀。

一拉升就想买，一下跌就害怕。

你别以为这种情况只有散户有，高手也有。因为高手最初的成长，也是从看分时开始的。与分时决策的斗争，没有人轻松。很多人已经戒掉多年，也许某几天还会老病复发。

越是局部的，短期的，规律和招式，大家越容易迷恋。不信大家看看，只要写分时图和盘口，点击率和打赏量都是最高的。也正是因为人性喜欢这个，所以超越分时决策，走出局部审美的弯路，才如此艰难和漫长。

但无论再难，这个弯路必须走过。

因为不走过，就永远鼠目寸光！